PETIT GARÇON SE CACHE

PETIT GARÇON SE CACHE

Lorenzo PRŠO

Droits réservés © : Lorenzo Pršo © 2025. « Le Code de la propriété intellectuelle et artistique n'autorisant, aux termes des alinéas 2 et 3 de l'article L. 22-5, d'une part, que les "copies ou reproductions strictement réservées à l'usage privé du copiste et non destinées à une utilisation collective" "toute représentation ou reproduction intégrale, ou partielle, faite sans le consentement de l'auteur ou de ses ayants droit ou ayants cause, est illicite" (alinéa 1er de l'article L. 122-4). Cette représentation ou reproduction, par quelque procédé que ce soit, constituerait donc une contrefaçon sanctionnée par les articles L. 335-2 et suivants du Code de la propriété intellectuelle. »

© Lorenzo PRŠO, 2025

Édition : BoD · Books on Demand, 31 avenue Saint-Rémy, 57600 Forbach, bod@bod.fr
Impression : Libri Plureos GmbH, Friedensallee 273, 22763 Hamburg (Allemagne)

ISBN : 978-2-3225-5319-8

Dépôt légal : Mai 2025

PLAYLIST

Le QR code donne accès à une playlist de vingt-quatre musiques. Chaque titre de musique mentionné au début d'un chapitre plonge le lecteur dans une ambiance spécifique, enrichissant chaque anecdote et chaque rêve, et accompagnant ainsi sa lecture.

Cette playlist est également disponible sur Youtube Premium sous le nom de « Petit garçon se cache ».

Counting Stars — OneRepublic

Feel — Robbie Williams

Somewhere Only We Know — Keane

lovely — Billie Eilish et Khalid

Impossible — James Arthur

Remember the Name — Fort Minor (feat Styles of Beyond)

Who Did That To You ? — John Legend

Feeling Good — Michael Bublé

Way down We Go — KALEO

Sweet Dreams — Eurythmics

Demons — Imagine Dragons

Waves — Mr. Probz (feat Robin Schulz)

Let Her Go — Passenger

Stay With Me — Sam Smith

Kiss from a Rose — Seal

Lose Control — Teddy Swims

What's Up ? — 4 Non Blondes

Fast Car — Jonas Blue (feat Dakota)

Clocks — Coldplay

One More Night — Maroon 5

Someone You Loved — Lewis Capaldi

There's Nothing Holdin' Me Back — Shawn Mendes

Mad World — Gary Jules et Michael Andrews

READY TO DIE — Rilès

LE CINÉMA DE MON ESPRIT

Counting Stars — OneRepublic

Monde des scénarios (depuis la nuit des temps)

La nuit tombe tôt dans mon décor belge[1]. Depuis aussi loin que je m'en souvienne, j'ai un rituel inconscient toutes les nuits : faire semblant de dormir. Mes yeux sont fermés, pourtant le sommeil ne se dessine pas. Je suis totalement conscient. Je profite de la longueur du temps d'endormissement pour imaginer des scénarios ou répondre à des questions insensées. En quelque sorte, je m'évade dans le cinéma de mon esprit…

Je rentre dans la salle numéro 3 en poussant ses portes rouges. En fait, je force le passage d'un rêve lucide. Telle une entrée de western, les portes du saloon claquent mon dos. Aïe ! *Fallait passer plus vite*[2]. Bref, je rentre et m'installe, ou plutôt m'affale, sur les banquettes prévues pour deux personnes. En bâillant, je m'interroge : quel film mental vais-je diffuser ce soir ? J'ai besoin de changement.

Je sens que cette nuit est particulière, le rire et l'amusement sont permis. Je regarde autour de moi, avec un œil curieux. Je dirais même, l'œil de la connerie. *Le fameux !* Ma mère est d'ailleurs la seule à le remarquer. Étonnamment, cette nuit, je ne souhaite pas

---

[1] Je suis français originaire de Nice, mais j'habite à 20 kilomètres de Bruxelles, à Tubize, la ville où j'exerce ma passion, le football.
[2] C'est la voix de mon discours interne.

refaire le film de ma vie. C'est ennuyeux d'imaginer ce que j'aurais pu dire ou faire aujourd'hui. Il est stressant d'envisager le pire pour l'avenir. Je n'ai pas envie de m'imposer cette peine ce soir.

Assis, je tourne sans cesse ma tête, de gauche à droite. Je ne tiens pas en place. Je change de position rapidement. Les lumières s'éteignent, les pubs défilent. Le film va bientôt commencer. Je suis éveillé, impossible que ce soit mon rêve. Intrigué, mes yeux sont grands ouverts. D'habitude je suis seul, mais cette projection-là est ouverte au public. *Ça ne sent pas bon…*

La petite salle se remplit vite. Tous mes proches débarquent et s'assoient à mes côtés. Je suis invisible, ils m'ignorent et discutent entre eux. Je les vois rire. Amis, famille, potes et anciennes amoureuses sont au rendez-vous. *Que c'est mignon !*

Mon ego arrive vite, et repousse mes jambes. *Décale-toi !* Mais… mais… *Chut le film va bientôt commencer !* L'orgueil se pose à côté de moi, en prenant toute la place sur la banquette. Je frotte mes yeux, pour vérifier si c'est mon subconscient. Pas du tout. Toutes les personnes présentes m'ignorent complètement et ont leurs yeux rivés sur l'écran. Ils sont venus spécialement pour l'occasion et voir le film de ma vie. Main sur le menton, je n'ai rien d'intéressant à raconter. *Tu es dans la merde ! Sur l'écran ce soir : pas de foot ni du cul !* Je m'interroge, qu'est-ce qu'ils foutent tous là, en même temps ?

Plus le temps de répondre aux interrogations ni d'aller chercher des pop-corns, le film débute. À peine la première scène, j'ai le fond du nez qui pique. Les larmes aux yeux. C'est moi, le petit garçon à l'écran, en premier plan. Paniqué, d'anciennes émotions remontent. Je crie vers la salle à la rétroprojection : « Non, non, je ne veux pas voir cela… Change ! ». *Pas de réponse ? Tu n'as aucun charisme.* Personne ne m'écoute, le long métrage est lancé. Personne ne va l'arrêter.

Dès les premières minutes, je me lève, pousse mon orgueil et sors de la salle. Les grandes portes du saloon ne tapent plus sur mon dos. Le regard bas, j'essuie mes larmes. Qu'est-ce qui s'est passé ? Pourquoi maintenant ? Pourquoi devant *eux* ? Révolté, je décide d'aller enquêter par moi-même, qui projette ces images ? Je vais lui en toucher deux mots. *Pas moi !* Je monte quelques marches, et arrive devant la cabine de projection. Elle est fermée. *Mince alors ! C'est vraiment dommage…* Je regarde le verrou fermé à double tour. Je lève la tête. Il y a écrit sur une plaquette rectangulaire en or « Fils de Mr Pršo ».

J'ai compris. Je prends l'énergie de la prise de conscience dans la face. *Bien fait pour toi !* Les démons m'envahissent. Les recoins sombres sont entrés dans mon esprit, dans ce cinéma. Je ne fais plus la loi ici. Je ne suis pas surpris. Il fallait bien que le passé me rattrape un jour. La perte prématurée de mon innocence m'a engendré un besoin vital de comprendre.

Ton interprétation dans ce film était si mauvaise ? Non, plutôt ce que j'y ai vu qui m'a déchiré. *Enfin, ton rôle et comment tu le joues, c'est bidon ! Tu as une perception erronée de toi-même et de la vie, c'est fascinant !*

Je décide donc de sortir du cinéma, je dévale les escaliers pour prendre l'air. Je jette la chevelure longue en arrière. Les mains sur la tête remplie d'interrogations. Le visage est fermé. Je fais les quatre cents pas sur le trottoir. *Une vraie petite pu***. À partir du moment où j'ai refait mon chignon, je deviens plus sérieux. Les cheveux plaqués, je prends la décision et la responsabilité d'aller voir le sombre.

Juste avant de retourner à l'intérieur, je me décale et reste bloqué devant une affiche : « Petit garçon se cache ». L'orientation de la lumière des lampadaires fait que j'aperçois mon reflet. Je me perçois seulement dans les lettres en noir. Ce noir est éternel, je pourrais m'y perdre sans fin. Je me demande, comment mes yeux peuvent-ils être aussi noirs ? *C'est le reflet couillon !*

Je cours au chaud prêt à le découvrir. C'est une nécessité, une vie est enjeu. *Enfin, tu as le courage de voir quelques bribes de ton passé.* Oui, je décide fermement d'aller voir ce qui s'y trame. Mais j'ai besoin d'un angle d'attaque, vu que je ne suis plus le bienvenu chez moi. Ils ont le contrôle… *Qui ?* Les portes du saloon frôlent mon dos. Je sens le vent qui souffle contre moi.

J'ai… envie de… détendre… esprit… relâche… pour être libre… du vrai *soi*… Je me laisse glisser dans les bras de Morphée.

JE FAIS PARTIE DES MEUBLES

Feel — Robbie Williams

Écosse, Glasgow (2006)

Mon cercle familial proche, composé de mon père, ma mère, ma sœur et moi, est convié dans un merveilleux hôtel cinq étoiles, à Glasgow. *Wouaw la chance !* Mon père, ancien footballeur professionnel, y est interviewé. *En fait tu es riche !* Le décor est planté.

Pendant le shooting photo, mon père veut récupérer sa veste oubliée dans la voiture. Ma sœur et moi l'accompagnons. Nous avons tous les deux soif d'aventure et de jeu. Nous empruntons le tourniquet qui mène à l'extérieur. On fait plusieurs tours, on se sent comme dans un manège. Mes yeux sont grands ouverts, mon esprit tourne, captivé par cette spirale vitrée. Arrivé dehors, mon père nous lance : « Le premier qui arrive à la voiture a gagné ! UN. DEUX. TROIS. PARTEZ ! ». J'arrive deuxième. Déçu. Je boude. *Capricieux !*

Nous retournons dans l'immense bâtisse d'époque. Je passe le manège la tête basse. Vrai compétiteur, je sens la honte qui s'empare de moi. J'ai perdu. *La honte !* Quand on vient d'une petite famille, finir deuxième signifie finir dernier.

Le lieu où ma mère et les journalistes nous attendent est chaleureux. La décoration s'inspire du style de la Renaissance. Moi, je n'y vois qu'un terrain de jeu.

Toujours contrarié par cet échec, je décide d'aller me cacher discrètement sous une table couverte d'une belle et longue nappe blanche qui tombe jusqu'au sol. Il faut que je fasse le point sur moi, ma vie et surtout cette terrible défaite. Pourquoi la victoire m'échappe-t-elle ? J'ai 5 ans. Ma sœur 7. Elle est plus grande, donc va plus vite, simple constat. L'amertume encore présente, je décide de rester caché encore un moment pour digérer l'issue de ma piètre performance. En plus, personne ne viendra me déranger puisque personne ne sait où je suis. J'entends qu'on parle, qu'on m'appelle. Je ne bouge pas. Au début c'est marrant, j'ai un sourire en coin.

Puis, je sens que l'atmosphère change. Viennent l'agitation et les cris de mes parents. L'inquiétude monte. J'ai peur. Je ne me dévoile pas. Ma mère pâlit. Mon père hurle. Ma sœur pleure. La panique gagne notre famille. Le photographe et le journaliste sont aussi à ma recherche. Je reste sagement dans ma cachette.

Le suspens a trop duré, mais je suis hésitant à l'idée de me montrer. La colère de ma défaite laisse place à la peur de me faire gronder. J'entends mon père faire des allers-retours entre l'extérieur et l'intérieur du bâtiment. Il a déjà fait le tour de toutes les chambres. À force de courir de partout, il se retrouve coincé dehors. Ma mère n'a toujours pas bougé. Elle reste figée, livide. Ma sœur tient son rôle et l'intensifie. Apparemment, gagner contre son petit frère et pleurer sont ses passe-temps favoris. Mon père, en furie, réussi à rentrer. Il crie sur tout le monde.

Il est temps que je réapparaisse. Je rassemble tout mon courage et décide de sortir discrètement. Me voilà, conscient de ma mauvaise blague. *Oups !* La famille à la fois rassurée et énervée de me voir émerger si tardivement. Je perçois leur soulagement teinté de mécontentement.

TOUT EN DOUCEUR

Somewhere Only We Know — Keane

Écosse, Glasgow (2005)

Je passe la grande porte vitrée de l'institution en pleurant, je n'ai pas envie d'être là. Je déteste l'école. Tout le monde parle dans une autre langue, l'anglais avec un accent écossais. Je ne comprends pas un traître mot de ce que l'on me raconte. *Tu es ici le touriste français pleurnicheur par excellence.* J'ai l'impression d'être entouré de géant avec des corps d'enfant. Ils ont le visage surdéveloppé par rapport à leurs membres. *Et des têtes carrées !*

J'ai peur. Ma mère va pour s'en aller. Je lui prie de rester à genoux. J'agrippe sa jambe et ne veux surtout pas la lâcher. Mais elle connaît mon jeu d'acteur à la perfection. Elle ne se laisse pas duper par la *commedia dell'arte. Tu as essayé !* Je retenterai demain.

Comme la seule personne que je connaisse dans l'établissement est ma sœur, qui a 6 ans, je décide de l'appeler en criant de toutes mes forces son prénom, sans aucune crainte de jugement. Les murs de l'école s'en souviennent encore. Mes cordes vocales ne se fatiguent jamais, jusqu'à ce que j'aie obtenu gain de cause. Je veux un câlin et un bisou de sa part. À force de persévérance de ma part *ou plutôt à force de hurlement strident d'une mouette*, les institutrices finissent par me le promettre, mais uniquement à la cantine. *Les salop** !*

Dans mon corps d'adulte aujourd'hui, j'éprouve des sensations similaires. Sans crier cette fois, je lui écris. J'ose lui parler, mais ma pudeur, et mon âme de jeune garçon rempli d'orgueil m'empêchent de me faire comprendre.

Je t'aime.

Les maîtresses et leurs beaux discours, j'en ai vu d'autres. Personne ne va me priver de ressentir de l'amour et de la compassion. *On t'a fait têtu !* Je joue la comédie quand j'en ai besoin. Elles n'ont rien à m'apprendre… J'appelle l'embrassade de ma sista. Ce doux moment de répit… J'ai l'envie d'une pause tendresse. Déranger tout le monde pour deux minutes de qualité avec elle : ça vaut *toujours* le coup. Ces instants sont des flashs. *Toujours le même finalement !*

Son courage et sa force sont plus affirmés que moi. Je survis ici, pour trouver par tous les stratagèmes un moyen de la voir. Tous les jours c'est la même chanson.

Avec le temps, je commence à comprendre l'anglais et à me faire comprendre. J'abandonne donc l'idée de la voir. Les maîtresses ne cèdent pas à mes caprices. Je change mon objectif : je veux retourner chez moi à la maison. *Pépère !* Je suis silencieux, je parle en langage des signes avec les autres et observe simplement. Petit malin culotté que je suis, j'ai une idée en tête. Je demande à la maîtresse dans un anglais parfait : « Avez-vous une voiture ? » Elle me répond rapidement que oui. Je rétorque immédiatement : « Alors, vous allez prendre votre voiture et me déposer chez moi maintenant ! »

Elle a tout raconté à ma mère. Mon plan tombe à l'eau. Je jongle entre audace, décontraction et beaucoup d'observation. *Tu te prends pour Scofield[3] avec un plan aussi bidon !*

Je ne me décourage jamais. Après de nombreux échecs, j'arrive à obtenir tous les jours à la cantine un bisou de ma sœur, même si elle se trouve dans un autre bâtiment. L'école sépare les grands et les petits, maternelle et primaire. *Avec l'accent italien, le geste typique de la main, la voix grave et le visage fermé comme dans* Le Parrain *: « Moi petit… moi ? »*

Son fervent allié a mené bataille, et pour récompense veut de l'amour qu'on lui apporte sur un plateau au déjeuner. Son accolade me servait de bouclier pour les prochains jours à venir. Malgré l'incompréhension de la langue, je ne laisse personne se mettre en travers de mes sentiments pour elle. La protection se fait naturellement. Les bras écartés puis serrés. Il est midi. J'ai enfin eu mon câlin. Mes yeux verts, en pleine santé, brillent, j'ai envie que le moment se prolonge. En apesanteur, hors du temps, mon petit esprit voyage.

---

[3] Scofield est le personnage principal de la série *Prison Break*.

LE MONDE DES GÉANTS

lovely — Billie Eilish et Khalid

Pays imaginaire, Cité d'époque (2023)

Le rêve se déroule généralement dans un banquet, comme dans la série *Vikings*. Il y a mes proches, mes amis, des connaissances et des inconnus. Nous sommes tous assis, discutons et rions autour d'un festin. Dans ce rêve, les traits physiques des gens qui m'entourent sont exagérés, parfois caricaturaux. Ils sont immenses et me paraissent presque monstrueux. Je suis le plus petit personnage du lieu. J'ai l'impression d'être entouré de géant.

Je suis si petit que je dois me mettre debout sur ma chaise pour manger et prendre de la nourriture sur la table. Forcément, les regards et les moqueries pleuvent à mon égard. Mais, la plupart du temps ce n'est pas ma taille qui dérange, c'est plutôt le fait que je sois absent des discussions et des débats. Je reste concentré sur mon plat et tente de suivre le fil de la conversation qui m'est incompréhensible. Je ne donne pas mon avis. Je me fais charrier à cause de mon silence. À chacune de mes interactions, personne ne comprend ce que je raconte. Dès que je m'essaye, je deviens vite absurde à leurs yeux. Dénué de sens. Je fais rire l'assemblée. Personne ne saisit mes intentions. Il pourrait croire que je parle dans un autre dialecte. Cette situation fait surgir un sentiment de colère en moi. Je le fais savoir et c'est encore pire… Le plus souvent, je décide de sortir de table ou de continuer dans mon silence. Soit je prends le chemin de la fuite, soit celui de la confrontation. Peu importe, dans tous les cas, la honte s'empare de moi.

Pourquoi ai-je tendance à percevoir les autres comme meilleurs, plus grands ?

JE ET NOUS

Impossible — James Arthur

France, Fréjus — Saint-Raphaël (2022)

Il pleut, le terrain est gras. Un long ballon est dégagé en l'air dans le dos de notre défense. Faisant partie de l'arrière-garde[4], la balle vient dans ma zone. Le ballon se dirige vers la ligne de touche. Je contrôle. Le cuir est au sol. Je progresse avec le ballon collé aux pieds, me dirigeant droit vers la ligne de touche. Je souhaite dégager la balle, sauf que l'on me bouscule dans le dos. Je tombe. Puis je glisse au sol. Avec la vitesse je n'ai pas eu le temps de me protéger avec mes bras. Je me précipite tête la première contre le grillage métallique. *Tu glisses comme les pingouins dans Super Mario Bros.*

Je reste au sol, le goût du sang mélangé à la terre dans la bouche. J'ai mal au crâne. Je sens que je saigne, mais je ne sais pas exactement d'où cela provient. Le kiné[5] vient directement me voir en courant. Il me demande si je vais bien, je lui réponds tardivement que oui. Il occulte toute ma tête pour vérifier d'où provient le sang. Avec l'agitation et l'adrénaline du match, il n'aperçoit aucune plaie. À savoir que j'ai les cheveux longs et attachés avec un chignon.

---

[4] Je joue dans des postes à vocation défensive : défenseur central, milieu de terrain défensif.
[5] Celui s'occupe des joueurs blessés

Toujours au sol, j'entends au loin, une voix familière me dire « Ce n'est rien ! Lève-toi ! ». C'est mon père. D'habitude, il me l'aurait dit en croate. *Étonnant*. Le symbole de mon enfance, ses mots. J'ai noté la différence, la tendresse du français n'avait rien à faire là.

Aujourd'hui c'est un derby Fréjus Saint-Raphaël, mon club, contre Grasse, le match est électrique. Il y a une tension dans l'air. La rivalité. Je me fais insulter (aucun autre joueur sur le terrain n'est visé, uniquement moi) depuis le début de la rencontre par un monsieur qui a le goût de la répartie et des belles choses. Je reste concentré dans le jeu, n'y prête pas attention jusqu'à ma percussion avec le grillage.

La seule chose à laquelle je pense c'est « Essaye de rester sur le terrain, sinon papa va penser que tu es un lâche ! » Je me relève difficilement et décide de retourner sur le terrain après quelques minutes où je suis dans les vapes. Les joueurs et le kiné me demandent si ça va. Je peine à répondre, mais oui, ça va, *comme toujours*. Je me sens au ralenti. Ma vision est brouillée.

Retour à la réalité, l'arbitre me confirme que je peux rentrer à nouveau sur le terrain. Le jeu reprend, je touche mon premier ballon. Un ballon anodin, je le dégage et retombe sans parvenir à contracter mes muscles pour protéger mon articulation. Mon genou gauche rentre vers l'intérieur et là j'entends le craquement. D'instinct j'ai compris la gravité. Je suis resté debout et j'ai continué de jouer, pendant une dizaine de minutes. Je ne pouvais pas changer de direction ni de rythme. Je cours en boitant, impossible d'avoir un appui stable. Pour moi, le match est perçu au ralenti, ma vision est restée trouble depuis la percussion du grillage.

Petit, il faut faire preuve de bravoure, *encore une fois*. La plus grosse douleur n'est ni sur ma tête ni dans mon genou. Elle est à l'intérieur. Je suis abattu. Je suppose ce qu'il doit penser de moi, son fils. Je m'en veux. Lui aurait été plus fort *sûrement !*

Aujourd'hui, je comprends le pourquoi, mais ne conçois pas le pour qui. Les armes d'un autre ne remplissent pas leurs rôles pendant mon combat. Même sonné, blessé, je pouvais continuer ce match, mais les raisons ne sont plus les bonnes. Garder la forme quand le fond n'est pas bon, ne sert à rien.

Je demande le changement, car c'est impossible de continuer de bien performer. *Tu deviens un poids pour l'équipe !* En sortant, je garde le visage fermé. La tête basse. J'ai fait preuve de courage, mais ce n'est pas ce qui est perçu. C'est un aveu de faiblesse. Dans cette rencontre, je n'ai pas seulement perdu un bout de moi, mais une part du « fils de ».

Il s'agit du ligament qui lâche ou c'est toi ? C'est une partie de l'enfant. Devoir être. Je et nous. La machine n'est pas bien programmée ou calibrée. L'impact émotionnel est fort. Le poids est lourd. *Qu'est-ce qui t'a manqué à ce moment-là, de la vaillance, de la force, de l'envie ?* Faire comme si de rien n'était. *Tu devais.*

Les blessures aux genoux à cause du football sont une histoire de famille. Mon père a dû arrêter sa carrière à l'âge de 32 ans, à cause de gros problèmes de genou.

« Ils sont bousillés » comme il aime à le rappeler. Avec sa voix forte et son accent de l'Est[6].

Bref, on m'ouvre la porte de la salle de kiné. Je boite. Je suis assis sur la table du docteur. On teste mon genou pour contrôler une potentielle lésion. Le docteur me regarde l'air désolé. Le verdict tombe, je suis blessé : les fameux ligaments croisés[7] du genou, tant redouté chez les sportifs. Mais, dans son diagnostic, il me répète plusieurs fois que mon ligament n'est pas totalement rompu, il le sent lors du test de Lachman[8]. C'est un détail important, je lui demande plusieurs fois, s'il est sûr de lui. Au vu de son expérience, il n'affirme rien avec certitude dans un tel moment. Il garde du recul.

À la sortie d'un match, il peut être compliqué pour le corps médical de m'ausculter correctement. En effet, lors de ce test de Lachman, je dois me relâcher au maximum musculairement pour ne pas fausser le diagnostic.

Ensuite, le docteur me demande de détacher mes cheveux et analyse mon crâne. Le goût du sang dans la bouche vient d'un trou que j'ai dans la tête : quatre centimètres de longueur, un centimètre de profondeur. Le médecin me dit de me rendre à l'hôpital le plus proche pour me faire recoudre. Le docteur sort de la pièce pour retourner voir la suite du match. Je m'exécute et pars prendre une douche avec une douleur vive à l'épaule. Lever mon bras droit est quasiment impossible. Le kiné m'interrompt et me demande de

---

[6] Mon père est Croate, et dans sa carrière il a eu la chance de porter les couleurs de son pays, en sélection nationale de football en tant qu'attaquant.
[7] Rupture partielle ou totale du Ligament Croisé Antérieur (LCA), l'une des blessures au genou les plus répandues.
[8] Examen clinique utilisé pour évaluer l'intégrité du LCA.

faire un bain froid juste avant d'aller à l'hôpital. *Ça n'a aucun sens !* Je tremble tout le long de ce bain nordique sans réussir à me calmer. Je n'ai rien à faire là. Je n'ai plus d'énergie. Chaque action a une vitesse moindre, chaque déplacement est lent. Tout se mélange, me rend confus. J'ai un trou dans la tête, l'épaule droite qui ne répond plus, je boite à cause de mon genou et, de plus j'ai les frissons parce que j'ai froid. *Super, tu es d'attaque !* Mon regard est vide. Mon cœur bat dans ma tête. Je suis glacial, autant à l'extérieur qu'à l'intérieur.

Fini la torture du froid. Je sors et prends ma voiture, direction l'hôpital, avec mon grand-père côté passager. Je réussis à conduire, sors de la voiture. Mon père est là, il nous accompagne. Les portes automatiques des urgences s'ouvrent. La prise en charge est assez rapide, le médecin me fait quatre points de suture. Mélange de fils et de cheveux. *Génial tout neuf !*

Quelques jours plus tard, je passe une IRM du genou. Dans le scanner, je ne cesse de penser : « ils ne vont rien voir sur les images ». Les images confirment la version de la première occultation du docteur du club, c'est une rupture partielle du LCA. Je suis rassuré, *il y a peut-être moyen d'éviter une opération ?*

Sauf que, quelques minutes plus tard, je reçois le message d'un chirurgien orthopédique spécialiste du genou que je connais bien. Il a accès aux images et me signale qu'il faut tout de même opérer. Il m'explique qu'il est impossible que cette partie du corps cicatrise d'elle-même. Ce n'est pas une zone du corps qui est beaucoup vascularisée. De plus, ce ligament est particulier, il doit avoir un aspect bien tendu, telle une arbalète.

Dans mon cas, le LCA sur les images est en forme de S, ce qui signifie qu'il a besoin d'une intervention chirurgicale pour le rendre droit, tendu et fort. Je suis sportif donc, si je veux exercer en toute-puissance ma passion, il me faut un genou stable et solide. Les rotations, les anti-rotations, les mouvements et la pression sur les articulations sont trop grands pour avoir un genou flottant *d'une mamie ou de ton père, par exemple.* Je suis contraint d'opérer.

 Je prends l'avis chez un autre chirurgien, tout le monde en vient à une conclusion similaire. J'ai besoin d'une intervention chirurgicale.

Dans mon malheur j'ai une « chance ». *C'est trop, toujours les mêmes !* Un autre ligament est touché, j'ai frôlé la rupture complète du ligament latéral interne, LLI. Lors de grosses blessures au genou, il y a souvent d'autres parties de l'articulation qui sont touchées. *Arrête de faire le chirurgien !*

Bref, mon LLI *a une sale gueule (les gens comprennent mieux avec ce vocabulaire)*, donc le chirurgien qui s'occupe de moi, en plus de l'opération classique du LCA, me propose de rajouter des agrafes sur ce ligament pour solidifier tout mon genou. *C'est le genou d'Ironman que tu vises ?*

Fais un avertissement ! Oui, ceci n'est en aucun cas un avis, un conseil ou une quelconque recommandation de ce que vous devez ou pouvez faire. Il faut consulter un professionnel de santé. Je suis juste un jeune homme obsédé par l'idée de comprendre, qui raconte son vécu.

J'ai refusé la proposition faite par le chirurgien d'ajouter des agrafes pour solidifier la cicatrisation, *pour qui tu te prends ?* Le chirurgien que je connais me confirme que le ligament latéral interne peut cicatriser naturellement. Je souhaite éviter d'en rajouter avec les agrafes. Dans mon esprit c'est acté : je vais me faire opérer seulement des croisés, une intervention classique. *Mais dans ton cœur…*

Selon mes croyances j'opterai toujours pour l'issue la plus « naturelle » possible. De plus, c'est bientôt Noël et les fêtes de fin d'année, je préfère me faire opérer en janvier et repartir en 2023 sur de bonnes bases. Je ne suis plus à un mois prêt ! *Surtout tu as une idée derrière la tête petit malin culotté.*

Oui, en effet, j'ai un plan secret, celui de revenir sans me faire opérer. *Personne n'est au courant comme d'habitude ?* Ce qui reviendrait à être sur le terrain trois mois après la blessure, contre neuf mois estimés. C'est tenter l'impossible : rejouer cette saison alors que l'on me pronostiquait de préparer la saison prochaine.

Pendant tout décembre, le club m'autorise gentiment de retourner chez mes parents à Nice (situé à 60 kilomètres de Fréjus). Mon absence sur le terrain est jugée longue, je peux donc me permettre un mois sabbatique. Mon opération est prévue début janvier. Cela me laisse un mois d'expérimentation pour tout essayer avec mon corps.

Grosso modo, j'ai carte blanche. *Selon toi !* On me donne des ordonnances pour réaliser des séances de kinés.

Il faut maintenir le muscle, garder de la mobilité et masser. Le club a des choses plus importantes à faire que de vérifier mon sérieux. Ils m'appellent pour connaître l'avancée de mon état. Accord de confiance. *Si seulement il savait le fou que tu es…*

J'ai le doc, les kinés, les membres du staff et les joueurs qui m'appellent souvent et me demandent des nouvelles. C'est un vrai plaisir pour le moral.

Libre comme l'air. Je fais ma rééducation tout seul. Je suis aussi bien, le patient malade que le kiné beau gosse. Souvent, dans la blessure d'un athlète, il y a l'éloignement de sa passion qui est difficile. Mais aussi, l'impression de devenir un légume. Cette fois-ci c'est différent. J'ai un chemin à suivre, celui d'une guérison plus rapide et naturelle sans opération. Un cap, une mission *secrète*. Une preuve que je suis capable de transformer l'impossible en possible.

Au fond de mon cœur, les certitudes résonnent, il n'y avait aucun doute, aucune peur. En apparence, au quotidien, je joue le doute. Il faut prendre tous les avis en considération. D'un professionnel de santé en passant par des amis. Et faire comme si cela m'intéresse. Hocher la tête pour dire « Eh oui c'est l'opération malheureusement », alors que, quelques minutes plus tard, je serai concentré sur comment réussir ce non.

Beaucoup de discussions avec mes proches, beaucoup d'appels avec des amis qui s'inquiètent. Énormément d'avis : « Tu devrais faire… » Oui, votre histoire a ses raisons et son issue, mais la mienne dans tout ça ? Ruminer et ne rien faire avancer. Du bruit. Du mouvement sur place. Je déteste cette sensation. Cela ajoute de la charge mentale de devoir se répéter sans cesse, d'une blessure qui touche plus l'intérieur que l'extérieur de mon être. Eux ne sont pas dans mon corps usé et ce cerveau malade toute la journée… L'introverti, le poli, le bien éduqué, le manque de charisme, qu'est-ce qui fait que je n'ose pas leur raccrocher au nez quand ils émettent un avis biaisé ? *Manque de couill***.

Bref, j'ai une autre chance. *Tu as vraiment trop de chance dans la vie !*

Je réussis à contracter mon muscle de la cuisse, le quadriceps, situé juste au-dessus du genou. Le chirurgien me dit : « Profites-en pour le contracter au maximum, tu garderas du muscle c'est parfait pour revenir plutôt après l'opération ». Alors, je me mets à compter le nombre de contractions de ce muscle, sans moyen électrique juste en forçant. C'est mon cerveau obsessionnel qui contracte. Je touche avec ma main les différentes parties de ma cuisse. J'ai de meilleures sensations en le faisant.

100, 1 000, puis je continue. J'arrive jusqu'à 10 000 et cela pendant plusieurs jours d'affilée. De la patience jusqu'à la folie. *Tu es atteint, il existe des machines pour cela !*

Je mobilise le genou avec mes bras. Je mets un poids de quatre kilogrammes sur mon genou et l'objectif est de retrouver l'hyperextension. Je me fais mal. Je marche sans l'atèle et sans béquilles. J'évite la glace, 2-3 jours ensuite j'ai totalement arrêté. Je continue de renforcer tous les muscles autour de mon genou, mollets, cuisses, ischio-jambiers. Lorsque je suis seul, le jugement est absent. J'écoute mes sensations : la douleur, la transpiration, la congestion, l'essoufflement. Je tends l'oreille au message que mon corps veut me faire passer aujourd'hui. Par conséquent, les séances se font dans un silence de cathédrale. J'ai besoin d'être présent, concentré. L'entièreté de mes cellules est concernée.

Ma copine de l'époque me regarde, me filme. Elle me trouve inspirant. Je lui parle de cette obsession, de ce secret. Elle m'écoute sagement, reste attentive et silencieuse. Elle lit dans mes yeux la vraie détermination. Un soutien précieux dans un combat pervers et mystérieux.

Je marche sur le tapis, en marche arrière (car c'est moins douloureux, et selon les vidéos de Ben Patrick – un coach connu d'athlète américain – c'est plus efficace pour renforcer mon genou).

Première fois que je m'essaye : 1 heure pour faire 1 kilomètre. Je ne pouvais pas aller plus vite qu'à 1 kilomètre-heure. Dans ma tête : « je suis reconnaissant d'avoir des jambes ». Ensuite, je me lance un défi de faire tous les jours 1 kilomètre en marche arrière. Je l'ai fait pendant cent jours d'affilée.

Pendant mon temps libre, en fouillant sur le web. Je découvre une méthode, qui s'appelle le *flossing*. C'est une fine bande en caoutchouc que l'on se serre comme un garrot autour d'une articulation. Le but est de le garder une à deux minutes maximum, pour l'enlever et ramener du « sang frais » dans la zone posée. *N'oubliez pas que c'est un charlatan et toujours pas une recommandation !* Mon ancienne petite amie me voit faire, me pose quelques questions, l'expérimentation est en marche. *De toute façon c'est plus fort que toi ! Toujours ultra obstiné.* Je tente le tout pour le tout. Je le fais dix fois par jour, sans savoir si ça allait marcher ou non.

Je ne suis en aucun cas un exemple ou diplômé d'une quelconque spécificité médicale. Lorsque je fais du *flossing* tout seul dans ma chambre, je transmets uniquement l'image d'un fou à mes proches. *C'est ton cerveau qu'il faut soigner !* Chacun est libre de ses décisions et de son corps. J'évoque seulement la folie d'un personnage qui ferait tout pour s'en sortir. Même en utilisant de nouvelles méthodes sans études ni avis pour confirmer ces théories et sa pratique.

Obsédé par l'idée de ne pas me faire opérer. J'évoque ce sujet uniquement avec des gens réceptifs : ma copine. Sinon, je me retrouve vite face aux murs de questions de mon entourage, supplément : peur et panique. *Tu n'y connais rien ! Tu es médecin ?* Les jugements et les directives sont tranchants. Les avis me bombardent. *C'est impossible que tu joues au football sans te faire opérer !*

Mon esprit reste éveillé tout le temps. *Les nuits de scénarios… de probabilité, d'hypothèses et de possibilités.* Je passe la tête haute sur le champ de mines des jugements. Je réalise, toute l'ampleur et le chaos émotionnel à l'intérieur de moi, mais aussi à l'extérieur dans mon entourage. Je me détache avec du recul sur la situation. *Une première !* Habitué et forcé de réagir toute ma vie, je prends ce temps pour moi. Je parle. J'explique et expose les faits à ma copine. Comment puis-je y arriver ? Par quel moyen ? Quelles sont les étapes à respecter ?

Les bons et les mauvais signes. Le potentiel temps de guérison. Elle me suit…

Je lis des articles, m'intéresse à l'anatomie. Comme Spiderman quand il découvre son pouvoir au début. *Bon pour le moment, tu ressembles plus au docteur Curt Connors, alias le Lézard, mais bon… je te laisse le bénéfice du doute…*

Surtout, seul dans ma chambre, je parle à mon « je et nous ». *Tu es un malade, c'est définitif, fini les comparaisons avec un super héros.* J'agis avec sagesse, selon moi. Intelligemment, je me dirige vers mon destin heureux. « On va s'en sortir ».

Retour au concret, j'ai demandé au chirurgien qui allait m'opérer de faire une dernière IRM (des deux genoux pour pouvoir comparer) avant de passer sur le billard. J'aime le suspens, j'ai d'abord passé l'IRM à droite (membre non blessée), puis à gauche.

Vendredi 30 décembre, IRM à Monaco. J'utilise tous les derniers moyens mentaux qu'il me reste. Je vais jusqu'à me faire transpirer pour éviter l'opération. *Pas un poil qui bouge !* Allongé pendant dix minutes à l'intérieur du scanner, je ne cesse de penser que je suis guéri.

Je vois les comptes rendus et les images avant tout le monde, même le chirurgien. Je lis surpris que l'aspect de mon croisé antérieur gauche est bien tendu. Alors, je sais… J'ai réussi à le faire cicatriser, et, en plus, je ne sais par quel miracle, il a l'aspect de la fameuse arbalète. J'ai obtenu exactement ce que je cherchais. *Les deux genoux se ressemblent ?*

Pour le moment, je suis le seul à être persuadé que j'ai réussi.

J'en parle avec ma copine, elle est contente, mais réservée. Je suis mitigé à l'idée de prévenir mes parents, je sais pertinemment ce qu'ils vont me dire. Je suis euphorique, mais j'appréhende. Je leur explique brièvement, mais je crois que je n'ai pas envie de les entendre. Comme je l'ai deviné, ils ne comprennent pas ce qui vient de se produire : « Tu n'es pas chirurgien ! », « Tu ne sais pas lire une IRM ! ». *C'est vrai !* C'est de l'ordre du jamais vu, malgré cela, je passe pour un fou. J'ai un fond d'arrogance et d'agressivité qui montent en moi. C'est un plaisir coupable de savoir que j'ai raison avant que le verdict du docteur tombe…

Le samedi 31 décembre, toutes mes affaires sont déjà dans le coffre de ma voiture pour retourner dans mon appartement à Fréjus. Je suis convaincu de ma guérison. Et je vais commencer ma rééducation avec un vrai kiné cette fois-ci. Mon père m'a appris à anticiper le jeu, j'ai anticipé celui de ma vie. Je répète pour le moment, je reste seul à y croire fermement.

Le lundi 2 janvier, une semaine avant l'opération, j'ai rendez-vous chez le chirurgien pour analyser mes clichés et parler du maintien de l'opération. Pour lui, il s'agit du dernier rendez-vous avant l'opération. Pour moi, il s'agit du dernier rendez-vous tout court avant que je ne rentre à Fréjus.

Il y a plein de papier à remplir, des cases à cocher, des choses à faire et à acheter avant l'opération. *Tu n'as rien préparé comme d'habitude.*

L'heure de la libération a sonné. Je trouve une place non loin de la clinique et me gare. Je tourne la tête, dans le coffre il y a déjà toutes mes affaires pour rentrer directement chez moi dans mon appartement dans le Var. Je passe la lourde porte de la clinique, ça sent l'hôpital. Petit signe de salut à la secrétaire. *Pour qui tu te prends ?* Elle m'indique la porte verte pour le rendez-vous. Je marche et rentre avec les images fièrement à la main, les pose avec délicatesse devant le chirurgien renommé que j'adore. Je sais ce qu'il se trame dans mon corps. Et c'est jouissif.

Il me demande si tout va bien, en regardant les images avec dédain. L'air content du résultat des IRMs, il jette un : « C'est bien ! ». Tous les deux on s'en fout un peu, on attend le moment du test de Lachman. Je me déshabille, plus rapidement que pour une femme, et m'installe sur la table d'occultation à la limite de le faire en sautant. Je souris en coin. Je le sens bien.

Il me scanne, j'ai toujours de bonnes cuisses de poulet, et me dit que c'est important pour l'opération et pour revenir plus vite sur le terrain… patin-couffin. Il m'ordonne de contracter mes muscles du quadriceps. Je le fais si fort que j'ai presque un début de crampe. *Tu es trop excité, calme-toi !*

Maintenant, il m'incite à me relâcher. L'heure de vérité. Le chirurgien me demande de détendre le muscle. Il prend mon genou avec une poigne de métier. Il fait le test of Lachman, et reste un court instant surpris. Sa tête tourne, l'air étonné.

Le résultat est positif, il n'y a pas de tirage mou (un signe, une sensation de déplacement anormal et excessif du tibia par rapport au fémur). On cherche tous les deux, au travers de ce test, un tirage net et solide. Une sensation de double claquement dans le genou qui confirme la stabilité de ce dernier. Le but est de sentir mon genou répondre présent, et revenir dans sa main avec conviction. C'est le cas !

Nous sourions tous les deux maintenant. J'obtiens exactement ce que je sentais depuis un moment. Il me montre que c'est quasiment la même chose avec mon genou droit, signe de rétablissement. Je connais bien ce chirurgien et son fils également, que je considère comme un frère. Alors il me dit : « Si mon fils était dans ce cas, je ne l'opérerais pas. »

Merci monsieur.

À cet instant, je pourrais vendre mon cœur au moins offrant. Je sors de la pièce, ma poitrine se soulève naturellement, je repasse devant la secrétaire. *Elle ne te verra plus ici.* Je suis heureux. J'ai été obligé d'aller faire un détour par chez mes parents, histoire de les narguer.

Il y a de courts passages de vie qui marquent la suite. *Surtout qui tire un trait sur le passé...* J'ai remporté ce combat contre les croyances. Trop têtu pour prendre des paroles en considération. Mon « Tu vas voir. » intérieur se transforme avec détermination en un « Je vous l'avais dit » extérieur. Je ne peux pas le contenir. Le sentiment de fierté est nouveau et indescriptible. Je suis fier et j'ai réussi seul.

Je suis au sommet. C'est l'une des plus belles choses qui ne me soient jamais arrivées. J'ai mobilisé tous mes sens et toute mon énergie physique et mentale, pour sortir de cette situation inespérée. J'ai appris la profonde écoute, la connaissance de soi et la maîtrise de mon corps. Personne ne pouvait m'aider. Le soutien et l'aide que les autres veulent m'apporter sont souvent remplis de contradictions. Parfois, ne rien dire, simplement être présent, suffit.

L'inquiétude, la panique et les barrières limitantes se propagent vite. Je suis surpris de ma réaction et de mon détachement face à ces états. Le recul devient une bulle protectrice.

Après cet heureux diagnostic, j'ai pu faire mon retour lors de la même saison, et trois mois et demi plus tard, pour finir cette belle histoire, j'ai joué et marqué contre Grasse au match retour.

Revenir sur le terrain plus tôt est une sensation magique. Mais la vraie magie se passe à l'intérieur. Toute ma vie j'ai pensé que je n'étais pas assez. *Tu es mauvais, incapable, indigne.* Mais il suffisait d'une fois… Dans un moment de drame pour un joueur de foot, j'ai mis mon monde sur pause. J'ai branché des écouteurs à mon cœur et suivi mes intuitions.

Tu n'as jamais pris le temps de t'écouter. À l'opposé de mes besoins. *Tu veux faire plaisir aux autres, jamais te confronter ou les remettre en cause.* J'ai osé suivre mon instinct. La force de ce jeune homme se trouve dans la volonté et l'écoute de son inconscient. Fini l'hypocrisie. La comparaison. La jalousie. Les debriefs. Peu importe. Je suis libre, et ça vient du cœur. Une marque indélébile. Un déclic. Un boost de confiance en moi. Cela restera gravé. J'ai arrêté de me laisser faire. J'ai pris l'envole nécessaire. Le destin m'envoyer au tapis. *Lève-toi, ce n'est rien !* Ce n'est plus sa voix, mais la mienne.

Dans une épreuve aussi difficile, ne pas écouter ce qui se disait autour de moi a été une qualité. J'ai balayé le brouillard et imaginé un ciel bleu. Il faut une part d'insouciance et de naïveté pour croire que tout est possible. Redevenir enfant, finalement. Un gamin qui se croit spécial. *Tu l'es déjà pour nous !* Essayer des choses que les autres ne visualisent pas. J'aurai tout essayé. J'ai rêvé de résultats différents de ceux de mes copains, qui ont eu la même blessure. *Tu l'as eu !* Une réalisation pleine de prouesses et d'existences. Je ne suis pas simplement *son* fils. Je deviens une belle histoire à raconter. Un jeune homme capable de.

J'ose dire non. Mes actes sont plus affirmés. Mes choix et mes avis mesurés, sans que l'opinion des autres n'influence ma décision. Si je peux maîtriser mon corps, alors je peux aussi maîtriser mes pensées. *Comment as-tu fait déjà ?*

Cette étape marque le début de l'écriture. Je commence à cet instant. J'aime écrire, ce que je fais, puis ce que je pense. Au début, je notais simplement mes exercices de ma rééducation. Puis, j'ai commencé à rédiger mes pensées, mes désirs et mes objectifs.

Petit à petit, je pleure, en me relisant. Je trouve touchant qu'un jeune homme longtemps coupé de sa sensibilité puisse écrire cela *Faut être un bonhomme ! Budi yak[9] !*

Je continue. J'aiguise ma plume et par la même occasion la compréhension de moi-même. Je transcris mes peurs et leurs émotions pour les rendre visibles… Être impudique face au mal qu'elles me font.

Cette anecdote m'a rendu addict à cette fierté, à ce respect que je perçois dans le regard des autres. *Rédiger pour de la validation externe ?*

Depuis le lendemain de ma blessure, le dimanche 4 décembre 2022, je n'ai cessé d'écrire. Si l'on me promet qu'au paradis je peux prendre des notes, alors j'écrirai jusqu'à me ronger le cerveau entre ses nuages éternels. *Peut-être que ton corps sera épuisé, il demandera l'exil en enfer. Et tu auras enfin la place que tu mérites réellement.*

---

[9] « Sois fort », en croate.

POURQUOI ÉCRIRE ?

Le monde du développement personnel veut savoir le *pourquoi*.

Lorsque j'écris, j'imagine être une fourmi perchée sur un arbre montant plus haut que les nuages. Dans un monde de merveilles, un havre de paix. J'ai vue sur l'éternité de ce blanc doux et ondulé. *Le paradis ?* Là-haut, l'air est pur. *Fourmi dans un arbre ? Fourmi volante à la rigueur.*

Du haut de ma tour en bois, j'écris pour laisser une trace, forcément. Lier mes failles à mon travail. M'aider. *Égoïste.* Être là pour mes proches, être une bonne personne ne me suffit pas. J'ai soif de plus. De raisons d'être. *Tu veux de l'approbation ? Qu'est-ce qui me prouve que tu es si spéciale ?*

J'aide seulement pour me sentir évoluer, grandir. M'accomplir. Là où je suis vraiment égoïste, c'est dans mon refus de me l'avouer. Vouloir aider son prochain pour accumuler du karma positif, c'est égoïste. *Intéressant.* Je suis meilleur, donc je te tends la main. Je te tends la main, donc je suis meilleur. *Tu ressembles au prof de philosophie dans* Les Profs[10].

Je regarde en arrière, j'essaye d'attraper mon gamin. Tout cela, c'est mon introspection. *Tu te vois un peu trop bon et généreux, à mon sens.* Pourtant, j'offre une bouchée de mes pensées dans un festin de mon esprit névrosé. *Dans pas longtemps, tu nous parleras de la mort ou de ta*

---
[10] Pierre-François Martin Laval, 2013

dépression, c'est ça ? Un menu concocté dans les larmes, la joie et la profondeur de messages cachés. *On verra !*

Garder ces métaphores, ces réflexions pour moi est plus difficile que d'être critiqué pour les avoir écrites. Crier au monde que je deviens moi ? Tout le monde s'en fout. *C'est vrai.* C'est seulement lorsque je vous touche que cela devient concret. Je n'existe qu'à travers vos réflexions, vos jugements, votre intelligence.

Lorsque vous percevrez l'intérieur, mon fond. Mon discours interne sera forcé de changer. Les verbes « prétendre » et « conforter » n'ont laissé que de la perfection à l'extérieur. Aujourd'hui, je veux des taches, du sang et beaucoup d'imperfections.

Confronté à la réalité, j'ai peur d'être. Je souffre d'agir en désaccord avec ma volonté, et cela vaut plus que de m'aimer moi-même. Pourtant, dans ce que je fuis, recèle l'or de ma vie. J'angoisse en y songeant. Mon bonheur se cache juste derrière. Tous ces sentiments craintifs, je les dissimule pour rendre fiers mes proches, pour chercher à être digne d'amour.

Être un guerrier sur le terrain, ce rôle me va. Être redoutable face à mes pensées, ce rôle me terrifie. *Mais…* Je suis trop concentré pour me laisser distraire. Le lâcher-prise est patient. Je rédige jusqu'à me triturer le cerveau, et voir le reflet sur l'écran noir de l'ordinateur. Les yeux dans le vide, c'est l'écran qui m'analyse en détail. *Comme les debriefs post-match avec papa ?* Oui, une forme de psychanalyse.

La petite caméra sur le haut de cet ordinateur a filmé des épaules qui se bousculent et qui se recroquevillent. Je ne souhaite plus me distinguer. L'ordinateur a enregistré mes larmes qui ne finissent plus de couler. Les sanglots. Il a entendu des reniflements dans un tempo précis et sadique. Il a senti les mouchoirs s'accumuler à côté de lui sur le bureau. *La branlette ?*

Ils penseront que tu n'es qu'un joueur de foot !

La pression me galvanise, j'ai le cœur sombre. Et cette nuit, je crois qu'il a faim. J'ai peur face à mes pensées, mais ce n'est pas la vie d'un autre que je désire. Je veux de la honte, de la gêne, de la haine et de la véracité dans mes propos. Pour embrasser la limite du raisonnable. *Tu cherches à ne plus être à l'aise avec l'ancien toi ?*

Ça me pourrissait. Les facettes ne sont plus lisses. Ainsi que ma fossette sur la joue. C'est inconfortable de se laisser entrevoir. Mon prisme. Les angles. Mes recoins.

Te faire mousser ? J'ai préféré la thérapie. Doux démons. Je vis avec eux dans ce cinéma intérieur. La folie ne leur appartient pas. La sagesse est entre les lignes de mes mots, donc dans mes silences. J'ai la bienveillance d'arrêter de me juger pour quelques semaines… mon record d'absences de comportements toxiques envers moi-même.

Te renier ? Je vais mettre du temps à digérer la cruauté de certaines anecdotes. Malgré cela, *tu n'es qu'amour !*

Dans la caverne de mon nom connu, je redoutais l'exposition. En effet, la barrière est fine, entre ce que veut l'audience, l'entourage et ce que je me dois d'écrire.

Créer une profondeur misérable rassure : vos vies n'en paraissent que meilleures. *Pourtant, on t'a tout donné !*

On verra.

Qu'est-ce que tu fais de ton temps libre ? Si je suis seul, j'écris. Ma vie devient le théâtre de scénarios possibles et inimaginables. Je change de perception et de perspectives chaque jour. Humour. Mélancolie. Profondeur. Banalité.

J'ai honte d'aimer écrire. Je me trouve hypocrite de prendre autant de temps pour moi. Alors qu'à une époque pas si lointaine, m'accorder un peu de compassion était inadmissible. Je le cache. *Comme sous la table à l'abri des regards.*

Peut-être que je veux préserver le peu de liberté qu'il me restera après ce projet secret. Je n'ai pas eu encore l'opportunité de me critiquer et de m'abattre. Je garde l'espoir d'être un auteur libre *encore* un jour *de plus*.

Je suis jeune et retrouve l'insouciance d'un gamin. Un temps révolu au détriment d'une carrière sportive bien huilée et toute construite. Le château de cartes s'effondre. Le tronc de l'arbre s'effrite. Ou encore, le cinéma est plongé dans le noir complet.

Est-ce que l'adulte est supérieur à l'enfant ? L'expérience est ancienne, mais l'exploit est nouveau, jeune, frais et dynamique. *C'est une lettre de motivation ?* Lire du drama, c'est inspirant. Et les réussites ? *Tu connais un gars qui a déjà fait du vélo jusqu'à…* Couper la comparaison à sa racine, pour mon cerveau si ordinaire et si classique. *Tu as un ballon à la place du cerveau.* On verra dans quelques anecdotes.

L'ambition de créer de la valeur est mal perçue. *Tu veux aider ou faire le buzz ?*

Je salue mes tripes avant de les arracher, pour ensuite juger mon pseudo-écrivain qu'il n'a rien dans le ventre.

La considération est en chemin ? Plus qu'une passion, un besoin ? « On ne prétend pas être des modèles pour les gosses…[11] » *Tu es marrant toi.*

Transcender ses espérances et son caractère. *Tu n'en fais qu'à ta tête.* Ça paraît fou de faire ce que l'on veut. Être sage et boire les paroles des envieux. Eux qui sont dénués de liberté, veulent me faire ingérer le poison de se conformer à un idéal.

Après, ils vont te donner des conseils… Me détacher de l'œuvre, comment ? Les blancs entre mes lignes transcriront tout ce que j'aurai voulu être. Tout ce qui me brûle. Sachant que ce décalage ne fait qu'augmenter mon taux d'énervement. J'en veux à qui ? À moi d'avoir songé à écrire ce livre ?

Avant, je manquais de courage, donc je proposais mon silence en guise d'accompagnement pour les autres. Oui, je ne savais qu'ouvrir mes bras lorsque les femmes pleuraient devant moi. Je manque d'expérience et de solutions. *Qu'est-ce que tu dois faire quand c'est toi qui pleures ?* Partir loin de mes proches. *Tu déconnes ! Il n'y avait pas un autre moyen ?* Ailleurs, je ne résous rien. Mon côté *drama-queen* va en profiter. *Écris c'est mieux.*

J'essaye d'accepter le plus important pour moi : me sentir bien dans mon esprit. À l'abri, je fuis les cris et

---

[11] *Ma direction*, Sexion d'assaut, 2012.

les conflits internes. À la fin de ce récit hypocrite, c'est eux qui vont me guider. *Je suis ton ange gardien !*

Donc c'est pour avoir une puta** de force en toi, tout ce qui va suivre ? Je le fais pour un ami. Le jugement. C'est un gars qui me demande toujours d'être simple. Selon lui, ma vie de « fils de » sera plus facile. *Tu as tout pour réussir.* Il prévoit mon succès conditionné. *C'est toujours les riches qui deviennent encore plus riches.*

Parfois je m'interroge. *Ravi pour toi.* Si notre amitié est belle et pure, je n'aurais pas besoin de l'écrire. Je ne retiendrai pas l'envie de l'étrangler. De voir les liens de sang devenir bleus à force que je les serre. *Doucement.*

Ce fidèle prône la belle vie, en ratant la sienne.

Un jour, avec ses mots, il a fait saigner mon cerveau malade, en voulant me faire chuter. Heureusement, il a visé le mauvais endroit. Il faut ôter mon cœur noir. Ainsi, par provocation, je rédige. La relève sera assurée. *Pourquoi l'emploi du futur ?* Ça me réconforte, me rassure d'une prise de confiance. *Parce que tu as peur ?*

Est-ce que ton ego supportera ses avis, ses critiques ou tu fuiras comme à ton habitude ? Je ne pourrais pas tout contrer avec un simple sourire narquois et un petit son forcé, en guise de rire. Je finirai vite ce devoir, avant que l'on vienne me gronder. Je dois réussir à avoir cette répartie, cette *fameuse* porte de sortie. Ce contrôle. Je veux la maîtrise sur le terrain.

Parfois, il est si bon de ne plus se canaliser…

À la sortie du livre. Le jour viendra où devant chez moi, il y aura de nouveau la souffrance, les vertiges et de belles insomnies. Ouvrir ce cinéma avec un cœur d'accueil. Je veux devenir. Par conséquent, je me mets exprès dans cette situation délicate et nouvelle. Dans ce film, ce manège tourne de plus en plus vite dans mon esprit. Les spectateurs de la salle 3 attendront des explications. De la folie du moment plongée dans l'obscurité, au calme de la maison.

De retour dans notre habitat, devant mes proches, je préparerai le feu tranquillement, pour voir de quel bois je me chauffe aujourd'hui. Encore une heure d'écoulée. Assis devant ces flammes, je les mate et je suis pensif. J'attends patiemment les invités… *Euh non…* J'attends patiemment les jugements à mon égard.

La digression, tu l'as encore allumée pour rien !

Tu manques de conviction. Tu n'as pas cette capacité ni la plume. Ça te dépasse et tes mots s'effacent. Ils sortiront leurs langues de vipère, puis ils lécheront l'écrit pour le faire disparaître. Et quelques bonnes interprétations plus tard, comme par magie, ils sucero** pour faire réapparaître mon blanc. *Ça va pas la tête ?*

Bref, les valeurs ont été transmises. Dans tous les domaines, j'évite d'être un gros « fils de ». Pourtant, je le suis. Un « fils de », qui se la raconte, rien d'anormal. Un « fils de », raconte… *Il y a un problème ?*

Garde la tête haute ! Ferme-la, je me relis.

UN DÉBRIEF PAS
COMME LES AUTRES

Remember the Name — Fort Minor (avec Styles of Beyond)

Belgique, Tubize (2024)

Mon conseiller sportif[12] et l'un de ses amis viennent voir mon premier match de Gala amical de pré-saison : Tubize face à Anderlecht. Deux clubs voisins et amis. Je joue sous mon nouveau maillot tubizien, nous évoluons en National 1 pour cette saison 2024-2025.

Après la rencontre, on part manger dans un snack. *Tu aurais pu écrire « restaurant » au moins…* J'ouvre la porte en observant la salle. Il reste quelques places encore libres. Une odeur de friture flotte dans l'air. L'homme qui m'était inconnu se présente à moi. Je me présente à mon tour, sans évoquer le « fils de ». Jamais. Dans la plupart des cas, quelqu'un d'autre s'en charge avant moi. Cette fois, c'est mon agent qui l'a fait. Si l'on me demande, je réponds. Sinon, je reste à ma place, fidèle à moi-même. Poli, sans prétention.

Bref, nous mangeons et discutons ensemble. Le sujet du paternel arrive vite sur la table, autant lors des présentations que dans la conversation. J'écoute attentivement les souvenirs que le monsieur partage sur lui, son image, sa carrière. *Il le connaît bien dis donc !*

---

[12] Il est aussi agent de joueur de football, un métier mal perçu par le grand public.

Au cours de cet agréable moment, l'homme me donne son avis. Ce n'était pas uniquement sur mon football. Surprenant comme il venait de voir mon match (les fameux debriefs post-match). « C'est bien, tu as un caractère différent de lui, tu as *ta* personnalité. Beaucoup de « fils de » se cachent derrière les actes de leurs parents ».

Il a su rapidement déceler la différence entre nous deux, sans même nous connaître personnellement. C'était notre première rencontre, et en quelques mots, il venait de sceller à l'oral le combat d'une vie. Le sens se prend et se protège. Selon le contexte, j'affirme cette différence, à l'aise à l'idée d'en parler et de me montrer unique. Je sais que mon ton, ma manière d'être sont différents. Sur et en dehors du terrain.

Je m'interroge, si quelqu'un d'autre l'exprime, cela prouve-t-il que c'est vrai ?

Ma perception de moi change en une fraction de seconde. Les mots restent en tête, tandis que mon esprit se charge de les polir. Un compliment sur mon jeu, mon physique ou une vanne passeront après celui-là. Il valide tant d'années de remise en question.

Ce pseudo-compliment ancre la validation de nombreuses étapes franchies. De nombreuses batailles mentales. À ne plus savoir reconnaître mes forces et vouloir constamment développer mes faiblesses. Je suis partie de ce moment, mais la portée de ses mots, je l'emporte avec moi pour toujours.

L'homme en question ne saura jamais l'ampleur de ses mots sur moi. *Il est mort ?*

LE FOOTBALL EST UN JEU ?

Who Did That To You ? — John Legend

France, Villefranche-sur-Mer (2010)

J'ai commencé à aimer ce ballon rond avant de savoir dire *je t'aime*. Le mot « ballon » était encore difficile à prononcer que, déjà, cette forme m'attirait. Une attraction qui m'a suivie. Une passion transmise par mon père, on me suppose.

Des explications et des démonstrations musclées. Je pousse la porte grillagée d'un terrain de football à Villefranche-sur-Mer. Nous sommes tous les deux, mon père et moi, sous la chaleur étouffante du sud de la France. J'ai l'âge d'apprendre les divisions à l'école, lui à l'âge d'apprendre les notions de sagesse et d'éducation à un enfant. Depuis la fin de sa carrière, nous passons des heures à jouer ensemble au foot. Mais dans notre cas, ce n'est pas un jeu.

On commence l'entraînement par des passes courtes et des gammes. Un peu de bienveillance, des encouragements minimes, qui ont le mérite d'être là. Nous sommes à seulement quelques mètres l'un de l'autre. On travaille la technique, on peaufine les détails. J'adore ça. Je touche énormément de ballon, donc je suis aux anges.

Petit à petit, il s'éloigne de moi. Les passes s'allongent. Les ballons arrivent fort, en l'air ou avec des effets imprévisibles. Il complexifie l'exercice, car il veut que mes contrôles soient irréprochables. On vise l'excellence.

Maintenant qu'il est loin de moi, entre 30 et 40 mètres, il peut se permettre de m'envoyer des ballons en l'air. Il n'y a que nous deux sur le terrain. Personne pour nous observer, personne pour interrompre le moment. Le bonheur répond présent sur le terrain. Juste lui et moi. En pleine concentration. Le temps file quand tout va bien…

L'exercice est clair : anticiper la trajectoire, amortir le ballon avec justesse – du pied, de la cuisse ou de la poitrine –, le poser proprement au sol, puis le lui renvoyer. Comme je n'ai pas encore assez de force pour lui remettre en l'air, j'avance quelques mètres avant de lui transmettre la balle au sol. Ça nous laisse tous les deux le temps de nous replacer, d'attendre la prochaine frappe, le prochain long ballon.

Les passes s'élèvent de plus en plus haut. Le ballon voyage longtemps avant de redescendre vers moi. Mon père est à 40 mètres. J'ai l'impression que la balle touche le ciel. Je suis entre émerveillement et concentration extrême. *Comment fait-il, sérieusement ?*

La balle monte, touche le soleil. J'ai les yeux qui brillent en la regardant. La balle arrive vers moi. Mon contrôle ? Un peu trop éloigné de mes pieds, selon mon père. Je le sais, je l'ai remarqué aussi, mais je prends une touche en plus pour la rapprocher de moi *l'air de rien*.

Première remarque. Je reste calme, même si un léger agacement monte. Il m'explique tranquillement comment corriger cette erreur. Puis, sans faire exprès, je lui renvoie la balle un peu trop sur le côté de lui et le fais courir. Il râle. Cette fois, c'est ma passe qui pose problème.

Il envoie une deuxième balle, *encore* plus haute. Je refais exactement le même contrôle. *Un peu trop loin de moi…* Il a un œil d'aigle, il sait que je viens de refaire la même *erreur*. Et moi aussi.

Alors, il m'explique encore une fois comment l'exécuter correctement. Cette fois, son explication change, son ton se durcit. Sa voix monte. Parfois, il s'approche, me demande de lui renvoyer le ballon pour me montrer, encore et encore. Il répète, insiste. Ses mains parlent autant que ses mots, entre la langue des signes et une danse contemporaine. On se connaît par cœur. Je n'ai pas besoin du son, ses gestes suffisent.

L'énervement monte en moi. La peur de refaire la même erreur aussi. Mais je reste impassible. Stoïque. Pourtant, au fond, je redoute la prochaine balle. Le doute s'installe, il me regarde depuis les gradins.

Mon père frappe le cuir une nouvelle fois. Toute la trajectoire, je pense : *Pas d'erreur ! Pas d'erreur ! Pas d'erreur !* Malheureusement le contrôle de balle est identique au précédent. J'entends les clés s'agiter dans sa poche. Il arrive vite. *Il ne vient pas pour un câlin.* Il est à rien de ranger le ballon et de rentrer à la maison. Sans moi.

Entre quelques mots tendres en croate et des gestes de la main d'agacement, il retrouve son calme. Mon père trouve la sagesse et le temps d'expliquer pourquoi j'échoue une énième fois d'affilée. *Pas longtemps la sagesse !*

Plus il analyse les raisons de ces échecs, plus il s'énerve tout seul. Moi, je reste silencieux. *Tu dois lui paraître hautain et provocateur.* Ça le rend fou. Ma peur était devenue du doute, mais, comme il pleut des insultes sur le terrain, la contrariété et la rage me gagnent. Pourtant, je suis le seul mouillé dans ce grand soleil azuréen. Ses yeux roulent vers le ciel. Les miens fuient vers le sol. *Regarde-le dans les yeux quand il te parle. Arrête de bouder.*

Après cette scène, il part loin de moi avec le ballon dans les pieds. Il replace les clés dans sa poche. Il secoue la tête, l'air de dire : c'est foutu, ce môme est un cas désespéré.

Avec l'âge, je peux transformer ce film dramatique en une comédie humoristique destinée à tout public. À l'époque, je riais moins. De retour à la réalité, il frappe la balle avec dédain, il boude. Son regard se ferme. Ses sourcils sont droits, le front cabossé se durcit. Ses gestes sont plus saignants et plus tranchants comme il aimerait que je le sois sur le terrain. Je reste craintif, mais l'habitude se dessine.

Tu ne comprends rien. Tu l'écoutes quand il te parle ? De quoi as-tu as peur ? Pourquoi doutes-tu ? Continue les études, ne t'arrête surtout pas. Tu ne peux pas en faire ton métier si tu n'arrives pas à contrôler un simple ballon. Tu n'en as pas marre de faire toujours les mêmes erreurs ? On dirait un veau qui vient de naître sur le terrain ! Tu sais, des milliers de petits garçons rêveraient d'être à ta place. Mes yeux commencent à briller, signe que ça me touche. *Tu vas activer le mode ?* Envoie le prochain ballon. Je n'ai pas envie de rentrer à la maison. C'est bien trop difficile dans ma tête…

Son ballon pourrait envoyer un fax à la lune avant de redescendre. La persuasion de réussir ce contrôle prend toute la place sur le terrain. Le doute est parti des tribunes, il achète une barquette de frites !

Le discours interne change : « Daj mi loptu.[13] » La balle vole, le contrôle est parfait. Au bruit du cuir sur mon pied, je sais qu'il va rester prêt de moi. *VOILÀ !* Mais mon père, lui, reste aigri. Je demeure humble et modeste, car il y a des dizaines d'autres ballons à venir. *Il ne pleut plus des insultes, mais des ballons !* L'exigence reste haute. Si je l'ai fait une fois, je peux le faire 10, 100 ou 1 000 fois…

On attend le prochain. Personne ne va me tomber dessus ! Je suis déjà en train de faire des petits pas pour me préparer à le recevoir. *Vas-y, envoie-le champion !* C'est ça notre langage de l'amour. *Écris : je t'aime*. C'est fait ! *Avec derrière : mon papa*. Oui, bien sûr…

Tellement bossé que le travail devait baisser la tête pour regarder la passion dans les yeux. De l'extérieur, on aurait pu croire à de la maltraitance enfantine sauf qu'à l'intérieur de mon cœur j'en demande davantage. Je ne suis pas rassasié. Le maître et l'élève. *N'oublie jamais « mali[14] », ce n'est pas à toi de dire que tu as été bon aujourd'hui.*

---

[13] « Donne-moi la balle », en croate.
[14] « Petit », en croate.

L'entraînement est fini. Je suis soulagé. Fier de moi. Dans la voiture, peu importe ce que je ressens, je l'écoute toujours. Souvent le trajet se transforme en monologue. Il évoque seulement mes erreurs du jour en se répétant sans s'en rendre compte. Je crois qu'il prend mon silence comme une insulte en croate. Au vu de sa répétition, il est à nouveau en colère. *Pourtant, il y a eu de l'amélioration…* Pas assez, selon lui. Trop d'erreurs pour le haut niveau. Il continue sa scène seul, perdu dans un énervement incompréhensible. Je me contente de hocher la tête.

Je n'ai rien besoin de dire ou de faire pour l'agacer. Ma simple présence suffit à déclencher sa colère. J'aimerais être distant de cette rage qu'il porte en lui, mais je l'aime trop pour ne pas la ressentir aussi. *C'est ça être sensible ?* Oui, mais les garçons n'y ont pas accès généralement.

Tout ce qu'il a vécu dans sa vie est bien plus dur que ses mots qui me frappent. Je devais être réceptif à cet appel de son cœur et de son âme, réussir à le comprendre quand ce ne sont pas ses mots qui me parlent. Pourquoi suis-je trop réfléchi, mais pas assez intelligent sur le terrain, selon lui ? Pourquoi est-ce que ma propre absence dans cette voiture me dérange ?

Qu'est-ce qui me fait le plus de mal ? L'écouter attentivement ? Ou laisser mon imaginaire s'occuper du reste ? Je n'arrive pas à changer de perspective, à prendre de la distance. Pour lui, c'est un calvaire de voir son fils aussi… *nul.* Je partage l'enfer de son avis et de ses blessures. Sans prêter attention aux miennes, car ma vie est agréable.

Je songe un instant…

Ses mots sont une arme qu'il utilise en guise de persuasion. *Tata*[15], imagine la musique de ce bon vieux western. Elle retentit dans la cité. Sur ton épaule ses mots, tu es à la lumière du soleil. En face, ton fils dans l'ombre. À quelques mètres. Le duel. Moi, sans arme, sauf mon silence. On se regarde droit dans les yeux, l'un a du vécu, l'autre l'illusion d'en avoir. Je m'avance calmement. Je te demande de viser plus haut. J'ose : « Lève un peu ». Ainsi, tu me demandais de lever la tête quand je venais de perdre un ballon. Je te montre mon front. Je veux tes douces paroles dans ma tête à jamais. Mon cœur est trop fragile, *Tata*. Blesse plutôt mon cerveau malade. Je me rapproche à tel point que l'arme est collée entre mes deux yeux verts. Tu n'as pas bougé. Tu ne trembles pas. Moi non plus d'ailleurs. Je regarde ton œil ouvert, il longe le calibre de tes mots bien choisis. Je te demande d'attendre avant de tirer. Je sens ta respiration s'accélérer. Ce bon suspens. J'ai aussi peur que toi, mais ne t'en fais pas : « Tout va bien se passer. » Ta main est sur la gâchette. Es-tu prêt ? Je pose ma main contre la tienne tendrement, et sans ton consentement. J'appuie sur la détente : « Vas-y dis le moi », dans tous les cas, des années après, je devrais l'accepter.

Le coup est parti, c'est mon corps qui est au sol quelques mètres plus loin. Pendant un millième de seconde j'ai encore un peu de vie en moi. Puis je ferme les yeux, je suis nostalgique de ton ombre. Le sang coule, pas les larmes. Le sable et la poussière montent. Mon âme sort de mon corps, elle prend le couteau de mon discours

---

[15] « Papa », en croate.

interne et plante ma carcasse sans aucune peine. Je m'achève jusqu'à ce que la certitude de ma mort s'avance. Tu n'as ni commencé ni fini le travail. Es-tu le meurtrier ? « Il ne faut pas regretter dans la vie. »

Tu n'avais pas ton mot à dire, c'est moi qui ai choisi que tu portes cette arme, ces mots à mon égard. J'ai senti que ton amour n'était pas prêt à tirer, que le recul t'a déséquilibré. Il m'est plus aisé d'affronter quelqu'un d'autre. De toute façon, je vivrai plus heureux, seulement avec du cœur.

On arrive enfin à la maison. J'ai fini d'imaginer sa mort. Ou la mienne. Le parfum continue. Je rentre. Je me pose à table. Ma tête est baissée. Comme lui, je suis à quelques centimètres de mon assiette. Ma mère comprend vite, ce soir c'est le drame. Alors, elle me défend. Mais je suis bien trop dur avec moi-même pour accepter de l'aide. Mon père ne sait pas aimer sans excès. C'est tout ou rien, et son fils est l'un de ses fervents disciples.

Je mange, dors, vis, respire et grandis football. J'aurais largement pu ajouter d'autres verbes, comme bailler, flotter, émerger, dévisser ou encore emmagasiner football. Tout le temps, tous les jours. *Comment gères-tu la critique ?* Dans le journal de ma vie, chaque Une est plus sévère que la veille. Je jette un coup d'œil discret sur celui de mon père. Je suis en couverture. Je suis humilié.

L'erreur de jeunesse, à table j'ai sans cesse envié l'assiette du voisin. Du coup, parfois j'ose. Je lui demande son avis. J'aime recevoir. Il me donne la sauce, goût négatif. Critique. Critique. Il saupoudre mon plat de poivre sans mon consentement. Pas le courage, ni le charisme de lui dire d'arrêter. Mon assiette est recouverte de noir. Lui non plus ne connaît pas la demi-mesure. *Bon appétit.* Je n'ai pas faim finalement.

À grands coups de fourchette il décortique mon passé proche. Il salive de limite. Ses couteaux aiguisés, il s'argumente. Se donne raison. Son debrief est lent. Mais il mange rapidement. Une bagarre éclate entre lui et son assiette. J'admire le spectacle, silencieux. Les bruits sont ceux d'un film d'action. Rien à voir avec se nourrir. Choqué, je veux connaître la suite. J'attends son verdict, subjugué.

Son analyse, bouche pleine, joue le dessert raffiné. Ça m'écœure. Il cherche d'autres mots pour me dire la même chose. Il engloutit toute remarque positive. Voici les mets du chef. Au menu : entrée : « c'est ton cousin qui joue » ; plat : « c'est interdit de faire ça » ; dessert : « moi, j'aurais fait comme ça ».

Il termine son repas, boit vite son café. *Pour voir ton avenir au fond de la tasse ?* Je m'étonne : *il n'y a rien à voir.*

J'envie les autres joueurs de ballon. Ils ont une force inaccessible pour moi. Celle de vouloir tout faire pour remonter l'ascenseur social. Je puise mes ressources. Mon énergie vient de l'attente d'un compliment, en haut de ma tour.

À TOI L'AMI

Feeling Good — Michael Bublé

Pays de l'imaginaire, Ville de la projection (2027)

L'ami, le jugement. Notre relation toxique me détruit de l'intérieur. Je préférais que ce personnage me frappe directement. Mais il me tourmente. Cette voix. Ces pensées. Les pires de toutes. Tant redoutés.

J'ai imaginé un discours pour lui.

J'ai 26 ans (dans un futur proche). *Tu fais de la voyance ?* Bref, j'attrape la poignée métallique qui longe cette grande porte noire et brillante. Je tire pour rentrer. *D'habitude on pousse, mal foutu.* La porte est aussi grande que large, comme au cinéma. Mais elle a une partie qui ne s'ouvre pas. Cloisonnée. Figée. Une porte sans issue. Quand je la regarde, j'imagine l'éternité de la Voie lactée. *Bon, ça va avec les portes… Avance !*

Je suis placé dans l'avant-dernier rang, non loin de la sortie. Sûrement, pour me signifier que je peux partir plus vite que les autres. Dans ce genre d'événement, type gala, il y a une classe sociale et hiérarchique à respecter. Dans le couloir, je me dirige vers ma place attribuée, en quelques pas j'y suis. Je demande gentiment au monsieur de se lever. Je suis placé juste à côté de lui. Je m'assois sur ce siège noir et peu confortable. La salle affiche complet et est remplie de gens connus. Manque de culture, je ne connais personne. L'atmosphère est pesante et silencieuse. Personne n'ose parler. Les seuls bruits sont dus aux grincements des sièges ou aux chuchotements furtifs.

Il fait sombre. Dans le public, je distingue à peine les gens à côté de moi. D'ailleurs je ne vois même pas le visage du monsieur assis à ma gauche. La scène est éclairée avec une belle lumière blanche. Des néons dorés longent le sol et vont des places assises dans le couloir jusqu'au devant de la scène. Les petites lumières nous plongent dans une ambiance de rêve. Un décor hollywoodien. Classe, chic.

Je suis en costard-cravate noir, avec une chemise blanche. La veste de smoking a une texture granuleuse qui donne l'effet de paillettes très fines. C'est à peine perceptible. Évidemment, je jette un œil à côté pour voir comment les grandes dames et grands messieurs de ce monde sont habillés. Mais l'obscurité est telle que je n'aperçois que les talons et un bout de robe rouge à ma droite. Jambes croisées. Sexy.

Il y a un homme sur la scène qui anime et présente ce gala. Je ne le connais pas, et je ne l'écoute pas. *Comme d'habitude.* Je vois ses lèvres bougées, et le regarde sur un écran en hauteur situé à ma gauche. Il lance des applaudissements. J'applaudis bêtement. D'un coup la lumière blanche est braquée sur moi. Je comprends qu'il m'invite à monter sur scène. Je me lève remets le bouton de mon smoking noir. Le monsieur à ma gauche s'est déjà mis debout pour me laisser passer. Une poignée de main plus tard, me voilà partie à la conquête de la scène. J'ai le trac comme pour une récitation à l'école. *Allez mon bonhomme, courage !*

Je me perçois au sommet de ma beauté. Cheveux faits. Chaussures luisantes. Je brille de noire dans ce décor mondain. Je monte à l'estrade. Arrive sur cette scène magnifique, la lumière blanche me suit tout le long de ce trajet. Je suis au pupitre. Je serre la main du présentateur. Les applaudissements s'effacent. Je calibre ma voix grave de tombeur. *Pas du tout.* Je commence mon discours :

« Bonsoir. Merci… Merci…

Le jugement me touche et me frôle. Entre coups de sang et sueurs froides dans mon dos. Ma part d'ombre est difficile à maîtriser quand les pensées deviennent trop nombreuses. Je souhaite la chaleur d'un mot tendre, car mon cœur est froid. Mais de toute façon, quoi qu'il advienne, cela ne me satisfera pas.

On grandit côte à côte. Tellement de souvenirs. On se cache ensemble. Tellement de faux sourires. L'autojugement c'est mon monde entier. À moi. Qui m'écrase par des blessures que je ne veux pas rendre visibles. Néfaste. Ne pars jamais. Il me manque. J'en ai besoin. Pourtant, dans tous les domaines, je passe de la valeur perdue à pourquoi continuer. Faire face à la vérité est une émotion triste. Pas forte. On attend de moi des réactions magnifiques : espoir, volonté, détermination. Patientez un instant. Les mots soignent l'amertume de leur sens. Donc, je vais les chercher seul dans mon cerveau d'enfant. J'ai travaillé pour me briser, alors je vous le demande : elle est ou ma récompense ?

Vivre dans tes yeux me fait croire que mon cœur bat pour une raison dans ce monde. Je tiens ma volonté d'une main de fer, d'un devoir de faire. Même si, sur ce terrain goudronné, le bitume est dur et chaud, je tacle ce ballon, les jambes sont écorchées avec joie. Je ne sens pas la brûlure. Faut se relever petit homme. Toujours une nécessité, même au sol.

Encore. *Još…* »

L'ART DE MÉDITER

Way Down We Go — KALEO

Belgique, Tubize (2024)

La thérapie

Une méditation auto-guidée d'une situation vécue. Le but de cette thérapie est similaire à celui de l'écriture : me libérer.

Aujourd'hui, dans ma voiture, sans musique, je roule et me conditionne. Je suis déterminé à rencontrer un bout de mon passé. *Enfin, un peu de courage à 23 ans.* J'arrive chez moi, le même créneau que d'habitude, encore plus vite. Je sors et marche rapidement. J'attrape mes clés que je rentre du premier coup dans le verrou et tourne avec précipitation la serrure. Et devinez quoi ? *Quoi ?* La porte en faux bois laqué s'ouvre. *Tu es con.*

Je prends vite une chaise dans mon salon, *tu as oublié quelque chose ! Lève-toi !* Effectivement des feuilles et un stylo. Donc, je récupère le nécessaire. *Ferme la porte aussi.* Je me relève et ferme la porte, je suis enfin à l'abri.

Je suis mon instinct. En haut de l'arbre, perchée dans les nuages, la petite fourmi se met en marche. J'écris et je détaille la situation vécue il y a fort longtemps, de façon chirurgicale. Le sadique prend toujours le temps de caresser le scalpel avant de se découper. *Tu n'as pas besoin de scalpel pour écrire…* À la fin des notes, je relis à voix haute puis à voix basse, et pose mes mains ensanglantées sur la feuille tachée d'encre abyssale. *Tes mains sont propres.*

Pour être plus réceptif, j'ai eu l'idée de mettre une musique apaisante en fond sur YouTube Premium. *Oula que tu as de l'argent.* Je ferme les yeux, l'immersion est totale. Je prends de lentes, grandes et profondes respirations. Avec de l'entraînement et de la pratique, j'arrive vite dans un état alternatif et me fais passer par tous les sens. *La pleine conscience ?*

J'embarque dans ma caméra mentale. Une touche d'imagination fait vibrer l'énergie en moi. Je suis détendu et prêt à revivre une ancienne journée.

Où ? Voiture. Qui ? Quatuor familial. Quand ? Post-match. Pourquoi ? *Faut bien faire quelque chose de ses journées.*

La vue : je regarde le paysage, puis, par moment la route qui défile. Je joue au zigzag entre les bandes blanches le long de la route par terre. Je suis placé derrière le conducteur, mon père. Comme un *symbole*.

Le toucher : le cuir chaud de ma main gauche moite et le plastique un peu plus froid contre mon bras frêle. Je tiens fermement la poignée de la portière. L'embout de la ceinture de sécurité se colle contre ma hanche étroite d'enfant. *C'est chiant ça !* Ma tête penche vers la vitre glaciale, mais il n'y a que mes cheveux qui ont ce contact électrique. Je sens ma mâchoire se contracter et glisser contre les parois de ma petite bouille. Je serre de plus en plus fort. *Arrête, tu vas te casser les dents, couillon !*

L'ouïe : le bruit de la vitesse, de la route qui défile. Le conducteur qui vient de baisser la musique et lever la vitre pour me parler. J'entends le fond, je n'écoute plus la forme. J'aperçois au travers du rétroviseur avant ses lèvres bouger au ralenti, sans son. Il me l'a demandé une première fois de le regarder ce rétroviseur intérieur, je ne me suis pas exécutée. Je fais mine d'être ailleurs. Alors, je vois qu'il se décale et lève la tête à la recherche d'un contact visuel. Je vois sa mâchoire forte se contracter. Je sais qu'il ne va pas me le demander deux fois. Alors, je penche ma tête pour l'apercevoir.

Les yeux remplis de sel indiquent la peur, mais je ne ferai jamais tomber ses gouttes sur mon visage. J'entends seulement un bruit de grincement : mes dents.

L'odorat : toujours la même senteur oppressante. Un mélange entre le cuir, la cigarette, nos odeurs mêlées, mes crampons de foot et ma transpiration. Je la détestais. Si l'agressivité était un parfum, j'en connais la provenance.

Le goût : de ma vie, de mon match ? Soit pourrie, soit bidon. Selon l'humeur, selon le vocabulaire choisi.

Je deviens défiant. Je songe… Comment ma famille fait-elle pour m'aimer ? Je gâche nos moments. J'ai envie de mettre ma famille au-dessus de tout, mais je ne prends aucune responsabilité. Ni de mes actions, ni même de mes omissions.

Je reviendrai… Crois-moi, je reviendrai. *Tu écoutes ou tu entends ?* J'ai préféré prêter l'oreille au silence.

Mon repos

Je tourne la poignée de la chambre. Je m'allonge sur mon lit, prends les écouteurs sur le chevet et les mets à mes oreilles. *Où veux-tu les mettre d'autre ?*

J'écoute de la musique qui me détend et m'installe confortablement. Je ferme les yeux. Ça commence. J'adore ce moment. *Idéal pour venir tout gâcher !*

Et, j'y suis. En quelques respirations. Le calme. Mon petit havre de paix. Seul, assis, adossé à un arbre au bord de la mer. Je médite dans cet imaginaire. Paisiblement.

Va plus loin ! Je décale l'arbre, comme moi, il a les pieds dans l'eau. Ses racines plongent entre terre de sable fin et mer turquoise, se divisant en deux. Si profondes qu'elles pourraient toucher le cœur de la Terre. Le noyau.

Va dans les détails ! Le tronc de l'arbre est confortable, au début. Au pied de celui-ci, il y a une courbe qui me permet de m'adosser, voire de m'allonger contre lui. Il en émane une énergie positive. À son contact, je ressens un flux d'harmonie en moi. Il ruisselle dans mes veines, me recentre.

C'est une zone sans jugement ni culpabilité. Les pieds dans l'eau. Je me détends, l'intimité se libère. Ressourçant. En paix, je façonne ce monde. L'horizon m'émerveille. Le paysage est somptueux. La courbe de l'arbre et mon orientation ouvrent ma vue sur l'immensité de la mer. La température est idéale, une chaleur douce, non étouffante. Le coucher de soleil se joue au ralenti, me laissant le temps de l'admirer pleinement. Le ciel est bleu avec un dégradé d'azur.

Une expérience de sagesse, dans un esprit *parfois* malmené. Il n'a pas de nom ni de lieu. En faisant le tour de la planète, je ne le trouverai pas. *Logique.* Je vois à travers la matière : mon repos.

Dans cet univers, je ne me distingue pas. Mes traits sont flous. Peu importe, je me sens heureux. Les va-et-vient de ma respiration lente me plongent en immersion dans cet état pur. J'aperçois mon ventre se livrer à une danse du gonflement et du dégonflement.

Le paysage est doux comme le sable fin. Le vent est chaud, agréable. J'entends le bruit des vagues. Le soleil n'est pas vif, la pluie n'arrive jamais. Je garde contact entre terre et mer. L'arbre me recouvre, mais laisse passer les rayons de la lumière.

J'apparais souvent de profil ou de dos. Rarement de face. Je peux être à la première personne, donc dans mes yeux (souvent quand je regarde la mer) ou à la seconde personne avec du recul. Une vision sur le décor et moi.

L'arbre ou ses racines sont dans chaque plan. Il est possible que la caméra bascule, au lieu de voir la mer, je trouve la jungle derrière moi, en décor de fond. Si je marche, la caméra mentale m'accompagne lentement. Je peux être passif, observateur, ou actif, je guide mes pas. Tel un rêve lucide. Je peux par moment le choisir…

ENCORDÉ

Sweet Dreams — Eurythmics

Pays de l'imaginaire belge, Charleroi ville parallèle (2024)

Il fait sombre cette nuit. Je suis dans la rue devant chez moi. Il y a un taxi qui s'arrête un peu plus loin que moi. Je ne sais pas ce que je fais dehors, je crois attendre quelqu'un, peut-être. Deux femmes sortent alcoolisées du taxi, elles sont immenses. Elles se dirigent vers moi et me parlent dans une langue incompréhensible. L'ivresse les empêche d'articuler correctement. Avec leurs talons, elles titubent.

Toutes les deux me tirent le bras et me forcent à monter avec elles dans le taxi. Envahi par un sentiment d'insécurité, je ne comprends pas vraiment ce qui se trame. Je ne suis pas à l'aise. Zigzaguant sur la route, le taxi imite la démarche des deux dames, et avance en direction d'un lieu inconnu. Je commence à comprendre qu'elles n'ont pas de bonne intention à mon égard. C'est un guet-apens. Une vitre noire me sépare du chauffeur et m'empêche de lui parler. Me voilà bloqué avec ces deux femmes immenses. À côté d'elles, je suis tout petit. J'ai peur. Je commence à transpirer. Elles me frappent. Je ferme les yeux.

Je reprends connaissance, attaché sur une planche rotative en bois, nue. Je tourne sans cesse et c'est moi la cible à éviter. Elles rigolent, elles s'amusent et lancent des objets à côté de moi. Tout est noir. Quand je reviens à nouveau à moi, je suis attachée dans mon lit avec des cordes. Je me sens vulnérable. Elles sont encore là, et me violent en rigolant. Je suis apeuré. Je me débats. Je n'ai qu'une seule envie : me détacher de ce moment. Dans mon inconscient recèle un chemin de vérité. Est-ce mon ego ou mes penchants qui désirent cet attachement ?

UN CADEAU POUR MES 18 ANS

Demons — Imagine Dragons

France, Nice (2018)

Mets du contexte pour celle-là, elle a son importance.

J'ai 17 ans, je suis au centre de formation de l'OGC Nice où j'exerce ma passion : le ballon rond. Je vis encore chez mes parents. *Tu as la chance de vivre chez tes parents, plutôt.* Bref, les blessures font partie du métier. Deux mois avant la fin de la saison, entre avril et mai, je me blesse au genou droit. Lors d'un duel à l'entraînement, je retombe mal et j'entends un craquement. (Je précise que nous sommes bien avant ma blessure au genou gauche des croisés à Fréjus, *tu es obligé de préciser parce que tu ne fais rien dans l'ordre chronologique, encul*.)*

Plus de peur que de mal. J'ai une rupture partielle du ligament latéral interne du genou gauche. Un mois de soin avec le kiné, puis je reviendrai sur le terrain. Fin de l'histoire.

La suite et que ça saute.

Quelques mois plus tard… ou quelques mauvaises prestations plus tard… Nous voilà en décembre. J'ai *toujours* 17 ans, et dans un mois, tout pile, j'aurai mes fameux 18 ans. Tant attendus, symboles de liberté.

Vas-y !

À un âge où l'on est plein de vie, je touche à ce qui est le plus précieux pour moi : le football.

Cela fait plusieurs jours, *cinq précisément, mais ça te trotte déjà dans ta tête depuis un moment*, que je rentre la tête basse avec une idée bien précise. Dès que la journée épuisante se termine, je retourne à la maison *(ou plutôt le manoir de chez tes parents)*. J'ouvre la porte de ma chambre, je ne me déshabille pas. Je suis toujours en tenue de sport. Un jogging et un pull du club. Je commence à faire du renforcement dans une zone spécifique de mon corps avec un objectif bien précis : me re-blesser au même genou droit que quelques mois auparavant. *Tristement vrai.*

Mon plan est précis, je connais mon corps. Je sais que mon genou droit ne supportera pas la charge que je vais lui infliger ce soir ni les soirs suivants. J'ai encore des douleurs à ce genou droit, je suis conscient que la cicatrisation est fragile. Le ligament n'a pas eu le temps de se reformer solidement, car je suis revenu trop tôt sur le terrain.

Donc, ces soirs-là, au lieu de me masturber sur du porno ou d'aller voir des meufs comme tout jeune homme de mon âge, je décide de m'adonner à une tout autre activité. Celle de tout faire pour me blesser. J'ai rassemblé toute l'énergie noire au fond de moi, à cette fin-là.

Dans la journée, j'ai déjà passé deux heures à jouer au foot à l'entraînement ce matin. Parfois il pouvait y avoir un deuxième entraînement. Ou peut-être de la musculation et du renforcement ?

J'avais les cours pour m'exténuer et remplir mes temps libres. En plus je commençais à apprendre à conduire. *Et tu apprenais la valeur d'un premier amour aussi !*

Mais rien de tout cela ne compte autant que de me faire du mal, en toute conscience. Les journées filaient à toute vitesse, presque magiques, quand la passion me faisait vivre. J'aimais ses moments, *un peu plus que toi apparemment.*

Pourquoi alors ? Parce que ce n'est jamais assez. J'ai beau l'aimer ce terrain. Ce n'est jamais assez bon et assez bien. Le temps court, plus moi. Il fallait plus. Petit garçon n'est jamais satisfait de lui. Je veux tout mettre en œuvre pour fatiguer mon genou affaibli. Je le force à subir des exercices douloureux, exprès, pour ressentir la douleur, la détresse et une forme de pitié. *C'est humiliant.* Je sais pertinemment qu'il ne tiendra pas. Tout est calculé. *C'est intelligent.* Je pleure sur lui dans ma chambre, en priant pour qu'il cède. Chaque exercice suit le rythme de mes reniflements. Oui, j'y mets tout le cœur qu'on m'a enseigné, tout le cœur que je connais, toutes *tes bonnes intentions finalement.* J'anime l'entièreté de mon âme, pour que cette parcelle de mon corps usé succombe de ses anciennes blessures.

Eux pensent que je suis un joueur endurant, mais, en réalité, la douleur de continuer vaut simplement plus que tous leurs jugements. Il y a trop de noir en moi pour m'arrêter. Cette voix dans ma tête prend de la place. J'ai appris à maîtriser la souffrance interne. Aujourd'hui, je cherche l'externe… *C'est ce : « quoi qu'il arrive », qui me fait flipper chez toi.* Seul, à l'abri, je caresse l'auto-sabotage avec une belle satisfaction instantanée.

As-tu obtenu ce que tu voulais ? Dans les livres de développement personnel, on dit que la confiance en soi, la détermination, la discipline, l'acquisition de compétences ou encore le travail acharné sont les moteurs de la motivation et de la réalisation de ces objectifs. Ce fameux discours interne positif : s'apprécier à sa juste valeur.

Crois-moi, jamais je n'aurais échoué dans un objectif aussi sordide. J'ai une telle détermination dans ces recoins, dans cette obscurité, que je pourrais réaliser tous ces exercices et ces positions en me regardant dans les yeux dans ce miroir.

Par conséquent, oui.

Raconte ce que tu fais exactement. Je me mets contre le mur, et en faisant l'exercice de la chaise, je me frappe le genou droit, en lui implorant à l'oral de lâcher. J'allais jusqu'à la tétanie. *Les crampes ne te suffisent pas ?* Dès que je tremble trop, je passe sur une seule jambe pour pousser mon quadriceps droit à la limite de la rupture. Encore et encore, jusqu'à vraiment me faire mal.

Encore.

Je refais un exercice douloureux que je faisais lors de ma rééducation. Allongé sur le dos, je levais les hanches en pont, appuyé sur mes jambes. Et quand je n'en pouvais plus, je passais sur une seule jambe. *Les gens ne vont pas te croire.*

Je suis sadique et je connais précisément l'exercice qui déclenche la douleur la plus vive sur la face interne de mon genou. Je réalise un exercice qui comprime ce ligament : du gainage latéral avec une jambe surélevée, nommé le Copenhague. Un exercice censé renforcer l'intérieur des cuisses, les adducteurs. Mais moi, je ne cherchais pas à me renforcer. Je n'avais aucune peine à le faire. Je ressentais seulement la douleur et les tremblements. J'ai énormément de ressource pour me briser.

Plus loin. Ensuite, je me mets en position de squat, en flexion totale et complète du genou. J'étais mon propre kiné sadique, et je ne compte ni les répétitions ni le temps. C'est à l'usure que je veux m'avoir. Mais il ne m'en fallait pas beaucoup pour m'épuiser, l'énergie mentale me ronge déjà assez.

Après quelques jours, j'ai enfin réussi mon objectif. Je suis soulagé, j'ai gagné un mois de paix. Au moins, sur le canapé, personne n'a le droit de me juger. *Sauf moi. Tu es trop faible mentalement.* C'est le moins que je puisse dire. J'éprouve un soulagement immense. *Comment est-ce possible dans un moment si horrible ?* Je m'auto persuade que cela n'a jamais existé. Je ne suis pas assez fou pour faire cela quand même…

Nous sommes à l'entraînement sur le terrain, un jeudi, généralement le plus tranquille de la semaine. Le coach décide de lancer un tennis-ballon – 2 contre 2, un filet au milieu, un ballon. Du tennis sans raquette et en jouant avec les pieds. Avec l'intensité nécessaire, c'est un super exercice, ça peut vraiment nous fatiguer. Mais aujourd'hui, l'équipe est amorphe. Il n'y a pas de rythme.

Je ne suis physiquement pas capable de mettre de l'intensité aujourd'hui. J'ai passé chaque soir de la semaine à essayer de me blesser, seul, à la maison. Connaissant le personnage, je tente d'être à fond.

Un ballon me dépasse, il part loin, je cours pour le rattraper. Il est en l'air, je me mets dans une position délicate pour tenter de ne pas le faire tomber, sinon le point est perdu. Mon pied droit reste planté au sol, alors que tout mon corps fait une rotation. Je retombe mal avec mon genou dans une mauvaise posture. J'entends le craquement. Je sais.

Cette fois-ci je me relève tout seul, je marche en boitant vers la salle du docteur pour lui expliquer ce qui vient de se passer. Je connais la blessure exacte, la durée de convalescence, la rééducation, les soins, les exercices à faire et surtout le pourquoi.

Le docteur un peu dépité me dit : « c'est sûrement que tu es revenu trop tôt la première fois, il n'était pas encore consolidé à 100 %. »

Tu as eu exactement la même blessure ?

Rupture partielle du ligament latéral interne (LLI), à peu près au grade de sévérité équivalent à la première fois.

Il n'a jamais cédé totalement, inconsciemment il reste un bout d'amour de je et nous.

Comment tu peux tenir, faire comme si de rien ?

Résilient le garçon. La seule chose qui me faisait tenir, c'était d'arriver à ce niveau-là (surtout au moment si décisif de la carrière d'un joueur de foot) et de continuer de voir de l'espoir. Alors que je me blesse en toute conscience. La vie, une force, je ne sais quoi, fait qu'il me donne juste un petit peu d'amour, de réconfort dans ma souffrance. Pour y retourner « la tête la première ».

Sur le champ de bataille, ce rectangle vert. Il en faut des fous prêts à se sacrifier. À tacler avec la tête. J'ai renoncé à des parties de mon corps. Juste en me le demandant. On est loin du peureux ou d'un simulateur. Malgré les failles, tout cela c'est pour bien plus qu'un simple ballon rond.

Je voulais avoir une preuve irréfutable, une marque indélébile que je ne suis pas assez. Aujourd'hui, j'ai mal de ridicule et de honte. Pas d'une belle histoire instagrammable ou d'une inspiration tiktokable.

Voilà le rêve que tu te vends à 18 ans. Toi qui rêvais de les avoir, qui était obsédé par le : « quand je serai grand ».

Regarde-toi maintenant...

Tu restes pudique. Le ton de l'anecdote ne t'appartient pas. N'oublie jamais que c'est ton histoire. Tu voulais t'anéantir. Te briser en toute conscience. Toucher à ton rêve en lui priant qu'il se transforme en cauchemar. DIS-LEUR à quel point, quand tu as entendu le craquement dans ton genou, c'était jouissif. Tu te sentais libéré d'un poids. De ton ami le jugement.

Quand on se dévoile, aucune demi-mesure n'est permise. De quoi as-tu peur ? D'aller trop loin dans le vrai ressenti de cette anecdote ?

C'était un vrai déchirement cette étape. Cette épreuve félicite le passé d'avoir résisté et torturé ta perception de toi-même encore de nos jours.

Ne reste pas sur ta faim en la racontant, ne baisse pas les yeux face à la culpabilité. Je n'ai aucun regret. *Oui, certains films se regardent mieux dans la solitude et l'intimité. Dans ce bon vieux cinéma de ton esprit.*

Mes yeux sont fermés, l'ombre est déjà présente dans le lieu. Je n'ai plus peur de la réalité. Avec mes doigts fins, je rembobine comme à l'époque des casquettes et appuie sur « play » !

Recommencer le scénario.

PETIT MARIN SAUTEUR

Waves — Mr. Probz (avec Robin Schulz)

Croatie, Zadar (2008)

Je baisse la tête, lève ma jambe droite pour enjamber le rebord et pousse la porte de la cabine du bateau. Je passe mes vacances d'été en Croatie, du côté de la famille de mon père. Main sur le front, je regarde vers l'horizon de la mer Adriatique. Je me prends pour le capitaine du bateau de location. *Les vrais riches achètent les bateaux, eux.*

Nous avançons à toute vitesse. La coque du bateau tape les vagues, j'ai l'impression de faire du trampoline. *C'est marrant.* Ma grand-mère est debout à l'avant du bateau, elle marche en toute décontraction. Il n'y a aucun danger selon elle. *Qu'est-ce qu'elle fait là ?* Nous attendons tous, avec peur et suspense, le moment où elle va virer de bord. Évidemment, elle prend une remontrance par le vrai capitaine de ce rafiot : mon père.

Puis, je reçois des consignes d'un jeune matelot paniqué, mon cousin, qui s'exclame en croate :

« Ne pense pas aux requins, sinon ils vont arriver !

— Bien reçu !, dis-je.

— Pense aux dauphins, ils sont gentils, eux.

— *Nema problema*[16] ! »

L'ancre est jetée en face de Zadar. Elle descend avec difficulté, mais tout le monde s'en moque. Ma grand-mère, elle, est déjà à l'eau, alors que le moteur est toujours allumé. Elle nage sereinement à côté des hélices qui continuent à tourner.

Arrêté. Moteur coupé. Ça y est, nous pouvons nous amuser. Avant de sauter, je ne pense qu'aux requins. Je les imagine partout : sous le navire, entre les algues. Je réunis tout mon courage et fais un premier plongeon, une fois dans l'eau, impossible de les oublier. Je fais mon meilleur crawl pour remonter vite sur le bateau. Me voilà en sécurité. J'ose un deuxième saut. J'ai oublié toutes les instructions, les consignes et les peurs. La journée suit son cours, sans concession. Je m'amuse jusqu'à l'épuisement.

Au retour, le vent se lève, la mer est agitée. Mais la fatigue pesante me gagne, et je m'endors dans la cabine, en fermant à clé. Il faut plus d'intimité au petit marin sauteur. Pendant ce repos doux et calme, la sieste se veut profonde.

En revanche, dans le monde réel, la houle s'intensifie. Les vagues se déchaînent. À l'étage, c'est le chaos. Tous les objets tombent. Toute ma famille est en état d'alerte.

Moi, je dors paisiblement.

La panique est à son paroxysme. Plus personne ne rigole. La vie de tous les membres de l'équipage est

---

[16] « Pas de problème », en croate.

en danger. On tangue énormément. Nous ne maîtrisons plus rien.

La houle me berce et m'aide à plonger en toute tranquillité dans mes rêves.

En haut sur le pont, ma famille est sur le qui-vive. Tout le monde crie dans tous les sens. On hurle mon nom. Je ne réponds pas. Encore plus fort. Toujours rien. Nous avons réussi, par miracle, à nous approcher non loin du port de Zadar. Malgré cela, les vagues continuent leur danse. Nous sommes de plus en plus près du bord. *Peut-être un peu trop ?* Les vagues tapent le rebord et repartent sur notre embarcation, et elles viennent s'entrechoquer avec celle des bateaux qui nous croisent. Nous sommes au mauvais endroit au mauvais moment, on risque de s'empaler contre le port et de chavirer d'une seconde à l'autre. Toute la famille est à l'arrière du bateau, prête à sauter à l'eau. Sauf un membre de l'embarcation.

Moi.

Je me réveille enfin. J'entends le brouhaha. J'ouvre finalement la porte de la cabine, les yeux encore endormis. Je manque de tomber. Mon père me rattrape, puis me lance un regard inquiet. Quelle connerie ai-je encore faite ? Je monte rapidement avec lui.

Je les vois, mes proches, en position, prêts à sauter, main dans la main. Leurs visages sont remplis de peur et de choc. Je comprends alors que nous étions à deux doigts de taper le rebord et de nous retourner… Je comprends que si on avait chaviré, il aurait été impossible de venir me trouver.

À la fois rassurée et énervée de me voir émerger si tardivement, la famille me fixe. Je perçois leur soulagement teinté de mécontentement.

S'IMMISCER DANS MON RÉVEIL

Let Her Go — Passenger

Pays de l'imaginaire belge, Tubize ville parallèle (2025)

Je dors profondément quand je suis brusquement réveillé par le bruit de l'eau qui ruisselle et les doux gémissements d'un enfant. On dirait qu'un enfant prend sa douche avec sa mère… chez moi. Pris d'un doute, je me lève et me dirige vers la salle de bain. Pourtant, toutes les lumières de mon appartement sont éteintes. J'ouvre la porte, personne. Un peu troublé, je décide de vérifier aux toilettes. C'est alors que je comprends : le bruit vient en réalité de mon petit voisin du dessus, qui prend son bain avec sa mère dans un moment de calme et de tendresse absolue. Rassuré, je sors des toilettes, mais une étrange sensation persiste… Comme si quelqu'un d'autre était chez moi. L'inquiétude me gagne accompagnée de ses frissons. Dans le noir total, je vérifie la porte d'entrée. En avançant prudemment, mon pied heurte un petit caillou, qui roule et rebondit contre la porte. Je le cherche, le ramasse instinctivement et le serre dans ma main, prêt à m'en servir comme arme. Déterminé à vérifier chaque recoin, je me dirige vers le salon et la cuisine…

Et c'est à cet instant que je me réveille.

Pourquoi vouloir assommer ses beaux souvenirs avec sa maman ?

« MAMAN, TU PEUX RESTER AVEC MOI, S'IL TE PLAÎT ? »

Stay With Me — Sam Smith

France, Nice (2009)

Je suis à la maison et viens de finir de dîner. On regarde la télé tous ensemble avec ma famille. Ma mère voit que je commence à fatiguer. Elle décide de m'emmener dans ma chambre en me portant. Je ne sais pour quelle raison, mais elle me transporte comme un sac de patates. Un délire entre nous. Je suis à l'envers sur son dos. Elle attrape fermement mes pieds. Ma tête oscille de gauche à droite, frôlant le sol.

Ma mère marche jusqu'à ma chambre et m'envoie dans mon lit *comme un catcheur : « Par-dessus la troisième corde ! »* Je dois tout de même me lever pour me brosser les dents, puis je m'installe confortablement dans mon lit douillet. C'est l'heure de faire semblant de dormir.

Mais avant cela, je lui demande, avec toute la gentillesse du monde, si elle peut rester avec moi. Avec mes pupilles de chien battu. « Viens, on parle. » Elle accepte. *Yes !*

J'engage la conversation, on parle de tout et de rien. Je suis dans un rêve éveillé. Ça papote, ça papote. Sauf que ma mère est épuisée par un enfant plein de vie et de réflexions à une heure aussi tardive. *Tu sais, les autres camarades dorment déjà.*

Au début, c'est un dialogue. Les minutes défilent, cela devient un monologue. Ma mère a des spasmes. Elle est en train de dormir. Ça n'a pas l'air de me déranger, je continue de débiter. Les démons ne sont pas là lorsque sa sagesse est présente dans la pièce. Elle berce mon esprit, et cela me fait du bien. Je lui dirai en dormant ou en étant somnambule que je l'aime. C'est ça, notre langage de l'amour.

Ensuite, elle se réveille de sa sieste et se lève. *Un petit tour, et puis s'en va…*

Plus tard, si je ne parviens toujours pas à m'endormir, je mettais un CD intitulé *L'autre, c'est moi* de Gad Elmaleh dans mon lecteur DVD, qui fait un bruit de ventilateur d'époque. Une petite machine de la préhistoire, alors que je suis au top de la tendance en ce moment. Un vrai enfant de star entre un ordinateur portable trop large et une platine de DJ anorexique. La lumière bleue me rongeait la rétine. Je connais ses vannes par cœur, les intonations de ses mots, les improvisations, les moments où le public rit. Comme je ne peux pas rire à voix haute par peur que l'on m'entende, je souris simplement devant mon petit écran.

Je tape du doigt sur le lecteur DVD au rythme de ses chansons. Je mets le son au plus bas et me cache sous la couverture de peur que mes parents me surprennent. Parfois je me permets de sortir la tête rapidement, pour respirer un peu ! *Il fait chaud là-dessous.* À chaque visionnage, j'ai les mêmes yeux d'admiration, les mêmes réflexions : *Comment a-t-il trouvé l'idée ?* Cela me rassure inconsciemment de voir l'évolution de ma compréhension du spectacle. Des blagues que je ne comprenais pas au début, j'arrive maintenant à en saisir le sous-entendu. Je trouve fascinant d'avoir vu ce spectacle autant de fois, mais de le redécouvrir à chaque fois sous un autre angle.

C'est mon petit moment à moi. De qualité. En aparté dans ma vie.

Tout ça, c'était avant de découvrir la branlette, évidemment.

JE SUIS DANS L'EMBARRAS

Kiss from a Rose — Seal

Pays de l'imaginaire, France,
ville parallèle à Nice (2023)

Dans la zone piétonne à Nice, je marche avec mes deux amis et nos copines respectives de l'époque en direction d'un restaurant. Il y a aussi des connaissances que je n'ai pas vues depuis longtemps, ainsi que des inconnus. Il fait nuit et froid dehors. On arrive devant notre lieu de dîner. Je passe la porte vitrée en dernier, sans la toucher. Le serveur la maintient ouverte. Galant.

Je reconnais le restaurant *La Villa d'Este*. Nous prenons place, il fait bon à l'intérieur. Tout le monde enlève son manteau et le pose sur le dossier de sa chaise. Sauf moi : je le mets sur le porte-manteau, juste à côté de ma place. À peine ai-je posé ma veste, que le porte-manteau disparaît.

Nous sommes les seuls clients ce soir. Le restaurant est vide. La table est ronde. Non, elle glisse vers un coin. J'étais assis dos à l'entrée, et voilà que je me retrouve face à la salle, allongé sur une banquette, avec l'un de mes amis à côté de moi. On sourit, on rigole. On enchaîne les anecdotes. Je ne sais, mais la table commence à s'éloigner. Tant mieux : nous avons plus d'espace pour nos jambes et pour nous affaler dans cette banquette confortable. La parure est douce, comme des coussins de soie.

Tous les deux, côte à côte, notre position est entre assis et allongé, les jambes écartées. *Manspreading à son paroxysme.* Le reste du groupe semble loin. La soirée bat son plein. Les discussions et rires fusent de toutes parts. Je ne comprends toujours pas grand-chose à ce rêve, mais ça a bien l'air de me faire rire.

Puis, la table se rapproche de nous. D'un seul coup, la copine de mon ami recule sa chaise, se lève et se dirige vers moi. Embarrassé, je me redresse et lance un regard à mon ami, l'air de dire : « Qu'est-ce qu'elle fait, cette connasse ? » *Pardon.*

Elle s'approche et décale ma cuisse vers l'intérieur pour se frayer un passage entre la table et moi. Elle se place debout, juste entre mes jambes. Je fais des va-et-vient avec ma tête, comme dans les scènes rythmées de *Bref.* Je regarde mon pote, je la regarde. Toujours cette question : « Qu'est-ce qu'elle fait là ? » Comme d'habitude dans mes songes, ça n'a l'air de gêner que moi.

Elle ne parle pas. Sans explication, elle pose ses deux mains sur le haut de mes cuisses, se penche vers moi… En basculant, elle embrasse mon entrejambe. Puis elle disparaît.

Je suis sous le choc. Je deviens tout rouge. Vite, je bredouille des explications, j'essaye de m'excuser auprès de mon ami pour cette scène surréaliste. Mais lui hausse un sourcil, comme s'il ne comprenait pas.

« Pourquoi tu t'excuses ?

— Tu as vu ce qui vient de se passer ? »

Il me toise avec mépris.

« Non. De quoi tu parles ? »

Impossible. Inexplicable. Je m'affole, je questionne tout le monde, même ma copine de l'époque. Rien. Personne n'a rien vu. Sauf moi.

Je m'énerve, je perds pied. Ces rêves vont finir par m'avoir, un jour…

UN BESOIN
DE VALIDATION VIRILE…

Lose Control — Teddy Swims

Portugal, Porto (2023)

« Au revoir ! » lancé à l'hôtesse de l'air. Je sors de l'avion, la porte déjà ouverte. Nous venons d'atterrir à Porto avec mes deux frères d'une autre mère, prêts à profiter des vacances d'été. Le trio légendaire est réuni. J'ai 22 ans.

Entre baignades, visites et soirées, nos vacances sont rythmées. Le temps passe *trop* vite.

Le dernier soir, je prends l'initiative du « before ». C'est moi qui décide. « Suivez-moi, Messieurs ! ». Avec mes amis, on est convaincus d'être au sommet de notre sex-appeal. Tout est prêt chez nous pour passer une soirée mémorable. En bon leader charismatique, *pas du tout*, je propose un bar à mes deux acolytes avant d'aller en boîte de nuit. Petite précision : ce bar, je ne le connais pas. Je marche et c'est une intuition qui me guide, « Celui-là ! ». Ils validant sans hésiter.

On entre, sans trop y réfléchir, et on fonce directement vers le comptoir. Je commande trois virgin mojitos – sans alcool, donc. Il faut rester sobre pour assurer sur la piste et tenir toute la nuit. Je paie. Oui, je suis généreux et beau. *Quelle prétention, malheur ! Ce soir, tu as l'œil de la connerie, je le sens…*

Je serre mes amis. On trinque. Eux posent leurs verres et retournent sur leurs téléphones. Je bois, et dès la première gorgée, je sens l'alcool. Le barman nous a donné trois mojitos remplis de rhum blanc. *Il comprend rien, ce moustachu !*

Comme quelqu'un qui n'a rien de charismatique, j'ai payé plus cher sans renvoyer la commande. Pas grave. J'informe mes amis qu'on est en train de boire du vrai mojito. Dos à la foule, face au bar, on ne voit rien de l'ambiance derrière nous. Alors je me retourne, verre à la main, et je scrute l'endroit. Le lieu est important pour nous, on aime s'y sentir bien.

Je croise le regard d'un homme, puis d'un deuxième en débardeur, puis d'un autre, vêtu d'une tenue légère laissant apparaître ses tétons. De la dentelle noire. Mon regard termine son balayage du bar, et là, j'aperçois deux hommes en bretelles en train de s'embrasser. *Oula.* Je tape l'épaule de mes potes, en leur disant qu'on s'est trompés de cible en venant dans cet endroit. Les deux, depuis le début, avaient la tête baissée, scotchés à leurs écrans. Ils n'ont rien remarqué.

Nos regards changent, nos attitudes aussi. L'ambiance nous surprend. Nous ne sommes plus totalement à l'aise. Des poissons… mais hors de l'eau. Cela nous fait rire. Je bois d'une traite la moitié de mon mojito. Mes amis n'ont même pas touché leurs verres. On prend la décision de partir. *Fais un message de prévention. Chacun est libre, bien sûr. Les gens font ce qu'ils veulent. C'est juste que, avec toute la testostérone qu'on a dans le sang ce soir, on ne cherche pas vraiment le contact masculin.* Plutôt la douceur féminine. Ses courbes. *Juste un cul bien cambré.*

On sort du bar, et évidemment, les regards et les moqueries sont pour moi. Ils ne m'ont pas lâché de la soirée. Ce n'est pas de ma faute si le hasard nous a menés dans ce bar. J'ai droit aux meilleures vannes : « Ouais, ouais, c'est ça, tu t'es juste trompé… », « Oups, je n'ai pas fait exprès », « Quand tu étais aux toilettes tout à l'heure, c'était pour taper : Bar gay Porto sur internet non ? », « Hétéro curieux va ! », « Tu ferais mieux de rester dans ce bar, tu étais si bien à l'intérieur », « On t'a même vu danser et taper du pied à un moment », « Tu as pris de l'alcool pour te dévergonder, pour mieux bouger ce bassin, coquin ! », « En plus, tu voulais nous bourrer la gueule pour que l'on reste avec toi ! » Merci messieurs.

Évidemment, ce sont des blagues sans arrière-pensée qui me font hurler de rire. Tout est pour moi, et j'adore ça. Cet humour que j'affectionne tant n'a aucune mauvaise intention. *Bien.*

On est en pleine rue, il est l'heure d'aller dans notre boîte favorite de Porto : le More club. Cinquième soir d'affilée qu'on y met les pieds. *Les forceurs.*

Sur le chemin, une dizaine d'hommes nous abordent. Ils nous proposent du shit, de la cocaïne, de l'héroïne, ou des put**. Ils le disent à une telle vitesse que je ne comprends pas tout. C'est un pack tout-en-un ou ils font ça par spécialités ? *Ça se trouve ils font des promos en ce moment…* D'un coup, les flics débarquent. Panique générale. Les vendeurs sprintent dans tous les sens, chacun sa direction. Aucune logique. Zéro stratégie. Ça n'a absolument aucun sens.

On arrive finalement devant le videur. Il est beau, de taille moyenne et sent bon la crème. Il est métis, costaud, avec des bras énormes. Dans notre trio, on se dit la même chose : heureusement qu'il reste à l'extérieur, sinon, sur le dancefloor, il va tout nous prendre ! On va se retrouver sans compagnie féminine ce soir.

Il nous laisse passer. À peine entrés, direction le bar : « Whisky-coca *please* ! ». Mon ami paie la tournée. On se retourne, c'est bon, il y a aussi de jolies demoiselles. Réorienter la cible dans le bon axe. Régler le viseur. Mes amis sont de véritables radars à courbes féminines.

Je suis assez naïf, je ne prête pas forcément attention au monde qui m'entoure. Eux, n'arrêtent pas de me choper les bras avec excitation, « Regarde-la ! Regarde, elle ! Elle est magnifique ! ». Nous prenons les informations. Trois coqs fiers, en pleine analyse du terrain. Et on se place directement au plus près du DJ.

Nous sommes arrivés tôt. *Enfin*, à cause ou grâce à moi. Le monde arrive petit à petit. On se trouve frais, jeunes et beaux. Alors qu'en vrai, on dégouline de sueur et qu'on manque clairement de vitamines. Nous passons un super moment. Les musiques s'enchaînent. On adore. On connaît les paroles, les tonalités, les accords, les harmonies par cœur. J'ai déjà ma liste de pas de danse pré-enregistrée dans mon cerveau. Pour pouvoir sortir mes meilleurs mouvements en toute décontraction. On rigole entre nous, on recopie la danse des uns et des autres. *Appeler cela de la danse est osé.* Parfois, on imite plutôt tous les animaux de la jungle. J'ai des lunettes de soleil, *qu'est-ce que tu fais le mec ?* Je lance mes meilleures chorégraphies. Le DJ joue deux chansons que j'apprécie fortement. J'en frissonne. Dans tout mon corps, les cellules dansent. Je jette des regards à mes amis à la limite de la séduction. Mes yeux sont brillants, remplis d'amour fraternel. Avec du recul, on pourrait douter de nos tendances.

Et d'un seul coup, sortie de nulle part, la plus belle de cette soirée, enfin, selon mes potes, vient à côté de moi se dandiner. Elle se trémousse discrètement tout en me regardant avec insistance. Elle est avec une amie. Je la remarque après mes deux fidèles, *évidemment*. Mes deux radars préférés me lancent des regards et des gestes de la tête. Cela signifie : qu'est-ce que tu attends ?

Après quelques hésitations. *Une demi-seconde.* Je tends mon bras et elle pose sa main délicatement contre la mienne. Je la fais tourner en la rapprochant de moi. Comme dans un film. *Entreprenant comme garçon !* Je me sens invincible. Confiant. Enfin dans la recherche de validation extérieure. Il ne peut rien m'arriver. Mes potes me parlent, je ne les écoute plus. *Qui sont ces inconnus ?* Nous sommes seulement deux à cet instant. Elle est fine, brune, et étrangère. Une Américaine. *Yes, of course !*

Elle pourrait me dire qu'elle est née sous X, qu'elle a survécu à deux tremblements de terre importants au Japon. Mais je n'en ai que faire ! Tout ce qui m'intéresse, c'est ce jeu de séduction, de rythme, de danse intense. De contact à deux, passionné. Mes mains en promenade, les siennes en excursion. Je sens le rapprochement. De plus en plus près. Je l'entoure avec mes bras, totalement. Mes amis, les yeux rivés sur nous, ne l'aperçoivent plus. Un serpent efficace et redoutable.

Son corps et cette danse m'appartiennent. Je choisis les pas. Si je la veux en face, de dos ou portée. *Tu te crois dans Danse avec les Stars ?* Bref, on est à fond. Elle m'embrasse dans le cou. La chaleur monte. Le moment où je la fais tourner. Je mate discrètement, avec les lunettes de soleil, *personne ne sait où tu poses ton regard, malin.*

Je lui parle avec mon meilleur accent anglais. Je suis fluide. Le corps de la jeunesse sexy, symbole de liberté, de désir. Les heures passent. Je chante, je crie, je vis ce moment. Elle enlève mes lunettes de soleil, pour voir mes yeux verts de vipères. Je l'empêche, mais elle insiste. Elle veut de l'intimité et de la proximité. Elle les met sur son nez. *La salo**, ça lui va mieux qu'à toi !*

Mais il y a un problème grandissant qui débarque. Je me sens mal. J'ai mal à la tête. Ce n'est pas dû à l'alcool. Ni à la découverte de toutes ses couleurs, sans mes lunettes. Le piège se referme petit à petit. La sensation d'entonnoir. Les questions fusent dans mon esprit : je lui dois une nuit ? Une nuit à ce moment ? L'embrasser et conclure cette affaire ? La ramener dans notre Airbnb folklorique en centre-ville, à dix minutes à pied de la boîte ? Je n'en ai pas la capacité. Je ne fais pas ça d'habitude. *Ça ne m'arrive jamais.* Je déteste me sentir redevable ou sous pression d'un résultat. Cette pression s'installe en moi. *Normalement, tu n'as pas le droit…*

Je décide, dans un élan de folie ou de lucidité, de partir. Seul. Retour à la réalité. Je m'excuse, invente un prétexte bidon pour m'échapper. Je sors de la boîte. Je marche… Il faut que je prenne l'air. Non, en fait, je pars. C'est définitif. Je rentre. Oui, c'est bon, j'ai les clés. Je préviens mes amis. Ils ne comprennent pas.

Eux, pendant ce temps, restent et s'amusent. J'ai besoin d'un moment pour moi. Je rentre seul dans les rues de Porto. *Tu n'avais pas que l'œil de la connerie ce soir.* Je marche la tête basse, remplie de questions, et j'entends : « Shit, cocaine, heroine, bitc* ? ». *Ils ne vont jamais arrêter ces blaireaux ! Ce n'est pas le moment…*

Cette jeune femme attendait sincèrement quelque chose de moi, que je ne pouvais lui offrir à cet instant. Je l'avais prévenue. *Tu chauffes puis tu te casses, c'est horrible.* Je fuis toute responsabilité. Qu'est-ce qu'il m'arrive ?

Je suis parti, laissant ma soirée vide, mes potes dans l'incompréhension, et cette jeune femme avec son armée de désir à mes trousses. Peur de tout. Mais… Qu'est-ce que je vais lui dire ? L'auto-persuasion et le déni, *tu es malin, dis donc.* Faire comme si j'étais un autre, encore une fois. *Le gendre idéal ?*

Je déteste céder à la panique, je refuse d'être en immersion totale dans cet inconnu : le lâcher-prise. Une bouffée d'oxygène externe, qui se transforme en angoisse. La culpabilité grandit, je me fais tout petit. *Attends, peut-être le moment où cela va sortir de ta mémoire ! Tu devrais rester secret, à ta place, c'est ce que je ferais.*

Je rentre. Clés, bruit, verrous, porte rouge vif, ouverte. *Écris bien !* Pas l'envie. Main, cheveux, questions, beaucoup, bouder. *Allez, fais un effort…*

Les couleurs de cet Airbnb m'agacent. Tout est rouge ! Je m'allonge dans le salon sur le canapé *encore* rouge et j'attends qu'ils rentrent, mes deux compères. Les fameux débriefs post-soirée. Je dois leur expliquer les raisons d'un départ si précipité, au moment où je paraissais l'homme le plus bon délire de la soirée. *N'abuse pas ! En plus, ce n'est pas à toi de dire que tu as été bon ce soir. Bon ou mauvais, la barrière de perception est très fine.*

Ils rentrent, avec des sourires. Ils avaient hâte que je leur décrive cette aventure. Ils ont écourté leur moment pour m'entendre. Des vrais amis. *Ficannasses surtout.* À cet instant, les vannes fusent et les fous rires aussi. L'inspiration vient vite quand nos zizis ne sont pas satisfaits. L'esprit est clair et vif. Mais cela restera du domaine privé… *Roh, même dans tes anecdotes, tu es une allumeuse !*

Quelques heures plus tard…

Il est 4 heures. Les potins sont racontés, il faut dormir. Nous devons partir à 6 heures. Le temps d'une sieste express, de boucler les valises. On commande un taxi, et nous voilà partis. Dans le silence du transport, la fatigue pèse autant que les souvenirs gravés. On s'endort.

6 h 30, arrivée à l'aéroport. 8 h 45, nous sommes tous les trois assis dans l'avion, direction Nice. La fatigue nous rend calme et silencieux. Je prends place côté hublot, je préfère. Ici, je peux regarder l'infini du blanc ondulé et poser ma tête contre le rebord avec ma veste en guise de coussin… Le ciel est d'un bleu limpide.

Mon ami, assis à côté de moi, me met un coup de coude fort dans la côte, et m'invite à regarder qui prend le même vol que nous. Je me retourne et apperçois la femme que j'ai allumée toute la soirée et sa copine qui passent à ce moment-là dans l'allée de l'avion. *Le monde est petit.* J'ai envie de me cacher dans la soute. Petit salut de la part de sa copine avec un grand sourire. Je réponds avec un hochement de tête. Après ça, ils ne m'ont pas lâché de l'année…

Et ta copine dans tout ça ?

Le vice est ressorti. Il a du mal à rester à l'intérieur. *Tout seul dans la chambre à se vouloir du mal, c'est accessible, facile. Malheureusement, il faut le faire sortir de temps en temps, pour ne pas imploser. Tu vises : devenir un meilleur soi ou te montrer mauvais ?* C'est rhétorique.

L'ARTISAN PEINTRE

What's Up ? — 4 non Blondes

France, Nice (2022)

La moquerie est un art subtil. Mon père, c'était l'artiste sur le terrain, moi, je suis l'artisan : « On dirait un peintre qui joue. » Je pense à quelqu'un…

C'est une qualité que je tiens de mon grand-père maternel. *Merci du compliment.* L'ancien est un lent et méticuleux travailleur. Un vrai artisan peintre. Une carrière longue et prospère, sur plusieurs décennies. Sa longévité nous impressionne. On l'envie tous dans la famille.

Mon grand-père est un homme qui se tient droit, élégant et friand de jeux de mots. Ma grand-mère me dit toujours qu'il ressemblait à Julio Iglesias dans sa jeunesse. Avec amour, c'est vrai. Ma grand-mère, la vraie comédienne de la famille, est encore amoureuse.

Mes grands-parents sont mariés depuis plus de 50 ans et habitent la même maison depuis leurs débuts. Ils vivent en Normandie, du côté de Rouen. Ils ont les valeurs et le cœur chaud du nord. Mes parents, eux, habitent dans le sud de la France, à côté de Nice. Comme je l'ai mentionné plus tôt. *Ils n'ont pas de valeurs et ont le sang glacial, ces bâtards.* Excuse-toi ! *Pardon.*

Bref, mes géniteurs avaient besoin d'un coup de peinture, un rafraîchissement de leur palace. *Non, je déconne,* c'est un appartement. Donc, mes grands-parents débarquent dans le sud. Entre les retrouvailles, les embrassades, les discussions, les repas, les visites et les balades, notre artisan peintre favori se met en marche. *Dis qu'il faut aller voir ses grands-parents et que tu les aimes aussi !*

Pour contextualiser, j'ai 21 ans. Je ne vis plus chez mes parents, mais je me suis blessé au genou[17] (les fameux croisés). Le club de Fréjus m'a autorisé à rentrer voir ma famille. Je suis en repos chez mes parents et je joue le kiné, *le Docteur Maboul, tout seul avec mon genou…* Vous connaissez la chanson.

Mon grand-père enfile sa blouse blanche avec des taches de toutes les couleurs : marrons, grises, blanches, noires. Des teintes difficiles à porter, mais elles lui vont à ravir. Il pose et délimite son terrain de jeu avec du scotch jaune. On se retrouve vite avec toutes ces bâches et une forte odeur dans l'appartement. Le décor ? *Les Experts : Miami* lors d'un crime, sauf que chez nous, c'est seulement l'odorat de mon papi qui est mort.

Les portes sont toutes ouvertes, je décale une bâche et rejoins mon père sur le canapé. On admire l'ouvrier à l'œuvre. Il y a un fond de coloriste passionnel chez mon grand-père. Si doux, si délicat avec ses coups de pinceau. Il soigne le moindre détail. Ses calculs et ses mélanges de couleurs sont d'une précision chirurgicale.

Puis, notre *Julio Iglesias* commence son travail. Personne ne le dérange. Mais avec mon collaborateur de vannes, mon paternel, on regarde bouche bée une scène au

---

[17] Cf. Anecdote « Je et Nous ».

ralenti. Ça nous démange tous les deux de l'intérieur. On est obligés de se moquer. On a envie de le pousser, de l'aider et de lui dire d'aller plus vite. L'artisan a le bras qui reste à la même vitesse tout le long du mur. Il dose. Il mesure calmement. Sans aucune pression de résultat ni de vitesse.

La vie chez nous, dans mon quatuor familial, est rapide. La réactivité d'esprit fait qu'une blague en entraîne une autre, puis une autre, comme une avalanche… Mon grand-père a une sagesse olympienne qui nous dépasse. On ne comprend pas. Donc, avec mon partenaire de rires, on est installés confortablement sur le canapé. On compte le nombre de pas qu'il fait pour parcourir 8 mètres dans une courbe, de sa chambre à la cuisine, en traversant un peu le salon. Un trajet en U allongé. Nous sommes placés au meilleur endroit : dans la ligne droite où il passe juste derrière nous. On peut rire tranquillement sans qu'il nous voie. Et même si l'on rit fort, sans son appareil auditif, il ne s'en rendra pas compte.

Assis avec mon père, on se prépare avec de grands sourires, en se faisant « chut » avec la main sur la bouche. On met notre casque anti-bruit sur les oreilles. On attend que la F1 arrive à pleine vitesse. Moi, toujours attentif, garde une oreille à l'extérieur. Au rythme des claquements de ses pantoufles sur le sol, je compte. Une trentaine de pas, au moins, dès les premiers mètres. *Jamais t'abuses !*

Pendant ce temps, mon père avait déjà lancé le chronomètre, à mon signal. Il s'amuse à calculer la durée du trajet. *En combien de temps va-t-il finir la course cette année ?* Sachant qu'à chaque saison, il bat de nouveaux records. Je crie « STOP ! ». Je fais signe à mon père d'arrêter le temps sur le chronomètre. On regarde tous les deux en cachette son résultat. On dépasse largement la minute. *Arrête !* Et il reste recordman de la discipline.

Nos joues sont fatiguées. Toujours de belles surprises. Et de beaux fous rires.

SE DÉGUISER INCONSCIEMMENT

Fast Car — Jonas Blue (avec Dakota)

Pays de l'imaginaire France, Nice ville parallèle (2023)

Dans ce songe, je suis déguisé en clown. Le décor évoque un carnaval, une ambiance digne de la fête des morts au Mexique, comme dans les premiers plans de *Skyfall* avec James Bond[18]. Je suis recherché par des autorités : des policiers *badass* dans des voitures de sport noires à vitres teintées, type Chevrolet. Bien que la raison de leur colère m'échappe, ils sont déterminés à m'attraper.

D'un seul coup, me voilà lancé dans une course-poursuite sur des routes familières, souvent sur la Promenade des Anglais à Nice. Dans ce rêve, je suis calme, concentré, en pleine conscience, mais je ressens une pression constante. Je passe de voiture en voiture, sans jamais être au volant. Il faut croire que, dans ce rêve j'ai des complices et des chauffeurs privés à chaque coin de rue. Je donne des instructions aux conducteurs pour semer les gentils-méchants flics. La course dure, mais ils n'arrivent jamais à me rattraper. Je suis souvent à l'arrière, assis au milieu de ces belles voitures.

Parfois, je change de costume ou de personnage en cours de route. C'est-à-dire que je passe de couleurs vives et perruques tapantes, d'un clown, à un sweat à capuche

---

[18] Sam Mendes, 2012.

foncé et un jean classique. Pour me faufiler aisément ou me fondre dans la masse à l'extérieur.

Arrivé à une intersection, je sors de la voiture et marche juste à côté des autorités. Ils ne me remarquent même pas. Je me réveille et pense : il est original de réussir à s'en sortir dans ses rêves.

Je réussis à m'échapper, car j'agis comme quelqu'un d'autre. Pourquoi le clown ?

À UNE VEINE D'ARRÊTER

Clocks — Coldplay

Belgique, Charleroi (2023)

5 novembre 2023. Jour d'anniversaire de mon père. Je suis à l'hôpital de Charleroi, en Belgique, avec mon grand-père maternel. Les portes automatiques nous conduisent à l'intérieur, au chaud. La saison passée, j'ai pris la décision de quitter le club de Fréjus pour tenter une expérience à l'étranger. Donc je vis ici en Belgique, loin des miens, car je joue à l'UR Namur en National. Oui, j'ai un tel désir d'exister. Je préfère faire bouillir de l'eau tous les soirs, y mettre la dose de fausse reconnaissance dont j'ai besoin et la manger sans sauce, que d'avoir une vie de fantôme. Sans gloire ni perspective d'avenir. L'expression « se contenter de » ne m'est pas familière. Je tends plus vers « plutôt crever que ».

Lors d'un match, je prends un coup. On se percute avec un adversaire en face-à-face. Tête contre tête. Il tombe, je reste debout. Mais j'ai du mal à respirer et surtout le visage recouvert de sang. Je me laisse tomber après coup. *Pourquoi toujours rester debout ?*

Le kiné arrive en courant et me sort du terrain. Nous sommes au bord de la ligne de touche. Il me nettoie le visage en sang et presse mon arcade avec une compresse pour arrêter le saignement. Il applique de la colle sur la plaie pour éviter que le sang ne coule. Cela me permet de retourner sur le terrain. Je continue le match et le termine. On gagne 4-1.

En me rapprochant de la fraîcheur normande en vivant à Charleroi, mon grand-père peut désormais assister à mes matchs de temps en temps. Ironie du sort, la dernière fois qu'il est venu me voir jouer, je me suis ouvert la tête et explosé le genou. Et voilà que l'histoire se répète : après mon match avec ma nouvelle équipe, Namur, nous nous retrouvons une fois de plus à l'hôpital pour me faire recoudre l'arcade. *La poisse, le papi.*

Bref, une infirmière me prend en charge après deux heures d'attente avec mon papi. Cela fait plus de six heures que la plaie est ouverte, le sang s'est arrêté de couler. J'ai désinfecté brièvement la plaie après la douche. L'infirmière vient de manger des chips barbecue. Je le sens. Elle se lave les mains, je m'allonge. Elle met des gants, j'essaye de me détendre. Elle remonte son masque. *Enfin.* Je n'ai plus l'odeur de chips barbecue sur mon visage. L'infirmière braque la lumière sur moi. Comme le début des films *Pixar* avec la lampe. *Pourquoi tu penses à ça maintenant ?*

Elle me désinfecte, me demande de tenir la compresse. Je sens l'hématome. Ça me fait mal. Elle prépare la seringue pour m'anesthésier. L'aiguille est démesurée par rapport à la zone. *Beaucoup trop grande.* Elle me pique et injecte le produit anesthésiant sur mon arcade. Une horreur. Mais bon, pas le choix. *Papi doit sûrement se dire que tu es un guerrier, alors qu'au fond tu as envie de hurler comme une petite fille.*

Elle me recoud, je ne sens absolument rien. L'infirmière me demande comment je me suis fait ça. Je vois les fils se poser devant mes yeux. Je lui raconte. Fin de l'intervention. J'oublie d'évoquer la douleur au thorax et la sensation de gêne dans mon épaule droite. On rentre à la maison.

Quelques jours plus tard, mon papi retourne dans sa belle Normandie. Mon bras droit reste anormalement gonflé. Comme j'ai fait de la musculation pour le haut du corps la veille, je pensais bêtement être toujours congestionné. *Congestionné ? Uniquement du bras droit, tu ne trouves pas cela alarmant ? Tu es un peu con, non ?* Depuis dimanche, j'ai des maux de tête, des crampes anormales, des gênes un peu partout dans mon corps, mais surtout, les veines de mon bras droit sont bleues et gonflées. J'ai une sensation de garrot et de lourdeur qui parcourt mon bras du poignet au biceps.

Après quelques journées et des nuits désastreuses, la douleur s'intensifie et mon bras est de plus en plus gonflé. Je parviens à peine à plier mon bras. Je décide de retourner à l'hôpital et de leur expliquer ce qu'il m'arrive.

Me prenant pour un médecin, je me permets un diagnostic : « Faites-moi un vaccin contre le tétanos et ça ira ». Ils ne m'écoutent pas. *Heureusement.* Je poirote pendant deux heures, seul, dans la salle d'attente. Au moment de partir, un médecin me prend en charge et me fait passer une échographie Doppler. Malgré mes oppositions, et au vu de mon charisme inexistant, ils me font quand même passer une échographie. *Avec le sourire, si possible.*

Verdict : je me retrouve avec une thrombose veineuse, une phlébite de plusieurs centimètres dans ma veine sous-clavière à droite. C'est pour cela que mon bras est énorme. Des mots barbares pour dire que j'ai un caillot de sang à côté de ma clavicule droite, entre mon cou et mon épaule.

Pour je ne sais quelle raison mon sang a coagulé, ce qui a entraîné la création d'un mini bouchon. Généralement, cela touche les membres inférieurs, il est rare de le déceler dans les membres supérieurs, surtout chez un jeune joueur de football.

Le médecin qui s'occupe de moi, me bombarde de questions. Il me demande tous mes antécédents. Il m'annonce que je vais passer la nuit ici. *C'est grave à ce point-là ? C'est mort, je ne dors pas ici…* Le docteur me fait rapidement une prise de sang pour vérifier si tout va bien. J'ai peur. J'essaye de canaliser. Il y avait un stagiaire, alors le médecin explique ma situation et dit des mots très rassurants, pensant que je n'écoute pas : « Seulement les vieux qui ont ça ! Pas normal d'avoir cela à 22 ans ! ». *Eh oh, je suis là.*

J'appelle mes parents pour leur expliquer brièvement, ils sont en panique. J'alerte ma copine de l'époque, elle devait me rejoindre pour le week-end. Elle s'inquiète aussi. Je lui dis d'attendre avant d'annuler son vol, on ne sait jamais, *peut-être que je vais me réveiller de ce cauchemar*. Puis, je préviens mon coach que je ne pourrai pas venir à l'entraînement ce soir.

Ça fait six heures que je suis là. Je ne mesure pas la gravité de ce qui m'arrive. J'attends les résultats de la prise de sang. Il n'y a rien à signaler. Je suis rassuré. Les médecins me prescrivent des anticoagulants[19]. Dans ma situation, je les prends pour résorber ce caillot sanguin et que ma veine retrouve son circuit sanguin classique. Le flux habituel. Oui, le corps humain est bien fait, pour continuer d'avoir de la circulation sanguine, il crée d'autres petits canaux autour de mes veines. À la rescousse, ces chemins pallient au caillot de sang. Comme des travaux sur la route, on t'oblige à prendre une petite déviation ou une route secondaire. *C'est mignon.*

La raison principale de cette thrombose veineuse est l'impact, le duel, car, avant cela, cette veine vivait une vie paisible sans accroc. *C'est une conférence ? Un compte rendu de Docteur Maboul ?*

Petit rappel : ne prenez pas cette anecdote comme une prescription ou un conseil, consultez, écoutez ou du moins posez de bonnes questions à des gens compétents. Un médecin. Pour le moment, dans cette histoire, le moins informé est celui qui écrit ces mots. *Bien !*

Les infirmières prennent le relais et me laissent partir avec l'ordonnance pour les anticoagulants. Avant, je vérifie une dernière chose, qui est la plus importante selon moi. Je leur demande avec insistance si je peux faire du sport avec ce que j'ai. J'ai leur approbation. *Vraiment rien à foutre de toi ici.* Ma question est mal tournée, mais dans la panique, je perds mes mots. *Tu*

---

[19] Version *Docteur Maboul* : ça sert à rendre ton sang plus liquide et éviter la formation de caillots sanguins, c'est utile pour d'autres pathologies, mais je ne veux pas rentrer dans les détails. *Reste à ta place.*

aurais dû demander : « Est-ce que je peux faire du football avec du contact et de l'intensité à un bon niveau en compétition ? » Les médecins et infirmières ont sûrement pensé au sportif du dimanche qui fait un footing…

Je m'empresse d'aller à la pharmacie récupérer mes médicaments et les avale immédiatement. Direction l'aéroport de Lille. Je vais chercher ma petite amie qui a pu prendre le vol à temps. J'appelle mes parents sur la route pour les rassurer et mon coach pour lui annoncer que je peux jouer ce week-end finalement. *Vraiment un ballon dans le cerveau !*

Du vendredi soir jusqu'au dimanche après-midi, je me gave d'anticoagulants. Telle une oie. Dimanche à 15 heures, il y a un match de championnat à domicile à Namur. J'ai joué le match en toute inconscience, je commence titulaire. Mon bras a retrouvé son aspect normal grâce aux médicaments. J'ai un pansement sur l'arcade, car les points n'ont toujours pas été enlevés. Au fil du match, je sens le gonflement à nouveau. Le coach me remplace à la 70e, *il a raison.* Je n'ai jamais joué un match avec une sensation aussi bizarre. Entre peur, appréhension, doute, gêne, courage et auto-persuasion que tout va bien. J'ai été nul. *Logique.* On a gagné 1-0.

Pendant le match, je sentais que je n'avais rien à foutre là, sur un terrain en pleine compétition. Donc, juste après la rencontre, intérieurement, je me dis qu'il est impossible de jouer un match avec le bras comme ça. *Ta réflexion arrive tard, mais c'est juste.* Il me faut quelques jours pour prévenir une médecin française que je connais, une rhumatologue. *La chance, tu as des contacts de partout.*

Je prends une gentille remontrance. En effet, avec les médicaments que je prends, mon sang est beaucoup plus liquide. Si jamais mon arcade s'ouvre à nouveau, je vais *pisser* le sang comme un geyser. Ou si je prends un gros coup sur la tête, l'hématome se formera deux fois plus rapidement et sera deux fois plus conséquent. Il y a plusieurs autres possibilités, comme une hémorragie, le déplacement du caillot de sang dans mes poumons. Un scénario catastrophe pourrait vite arriver… Il y a de gros risques pour la santé, des séquelles irréversibles ou même la mort si l'on ne m'aide pas à temps. *Tu as fini de refaire le monde ?*

L'avertissement des médecins a été aussi léger que mon raisonnement. Au fond de moi, j'ai senti que ce n'était pas la dernière fois que je mettais les crampons. Petit garçon a soif de terrain. Cet incident me pousse devant la scène. Oui, je crois en l'impact émotionnel. Sur la notice des anticoagulants, il devrait rajouter : « Évitez de vous auto-saboter dans chacune des relations que vous entreprenez, surtout LA VÔTRE. »

Dans ma vie, je veux m'effacer, prendre le moins de place, faire ma route de mon côté sans l'aide de personne. Sans parler à personne. Cette pathologie bizarre veut se montrer, tout comme le fond de moi. Mes mots sont à l'arrêt, ne passent pas ma gorge. J'aimerais l'exprimer verbalement, mais ça reste et me pourrit de l'intérieur. Oui, je sais, le sombre n'est qu'une partie de moi, pourtant c'est elle qui prend le plus de place à l'écran. Mais… je retournerai sur le terrain la tête la première. Dans cette anecdote, je prends le risque d'endosser un rôle choisi. L'innocent, le naïf, l'inconscient ou ce bon vieux soldat.

Avec les indications du médecin, pendant deux mois, je ne fais plus de sport, rien du tout. Je passe une batterie d'examens : prise de sang, échographie Doppler, scanner, j'ai même eu « la chance » de subir une phlébographie (chose qui ne se fait quasiment plus). De plus, je prends des rendez-vous avec un chirurgien et une hématologue. Je consulte les membres de ma famille, est-ce qu'il y a une hérédité, un facteur génétique ?
Certains examens d'imagerie que je réalise sont en mouvement. On me prend le bras droit, je le lève au ciel, au-dessus de ma tête, pour vérifier si anatomiquement je n'ai pas un muscle qui pincerait ma veine (ce qui pourrait faciliter la naissance de caillots sanguins dans la zone). Il s'avère que oui, un peu, mais ce n'est pas considéré, par les médecins, comme un point d'appui dans la résolution de ce mystère. *On n'est pas dans un escape game !* Je suis ainsi fait, c'est tout. *Crois-tu avoir une musculature imposante ?*

Tous les mois de novembre et de décembre, j'ouvre les innombrables portes des hôpitaux en Belgique à Charleroi, mais aussi en France à Nice. Un jour, lors de l'un de ces rendez-vous, je m'assois sur la chaise de la salle d'attente avec mon père. Le médecin spécialiste nous accueille. Il regarde les images, consulte mes prises de sang, me demande de lui expliquer l'affaire en détail.

Il nous regarde d'un air désolant : « Ta veine ne sera plus jamais comme avant, elle ne sera plus aussi élastique », « Une pathologie de vieux, aussitôt c'est rare ! », « Tu dois vivre avec », « Tu dois jouer avec », « Mais si jamais il t'arrive la même chose, tu dois prendre conscience que c'est dangereux pour ta santé de faire du football »,

« Tu auras toute ta vie plus de risques de le refaire »…
etc. Les mots ne s'arrêtent pas. Le sens me prend et me
met une droite. La question d'arrêter le foot vient sur la
table, j'ai un coup de chaud dans ma poitrine, des
frissons dans mon dos. Je pense : je me suis battu pour
me briser, c'est aujourd'hui la récompense ? Comment
est-ce possible ? Des séquelles à vie ? Ce ne sont pas les
médecins qui vont porter le poids de mes regrets.

Ma santé a pris un coup, pourtant je rêve encore du
terrain tel un *gosse*. C'est donc cela : la nécessité même
au sol ? Se révéler comme si tu n'étais jamais tombé, avec
mes yeux d'enfant insatisfait. Ce n'est pas la mort qui me
fait peur. *Oui, je sais.* C'est d'être allongé en train de
mourir, voir ma pauvre vie qui défile, et de ressentir
l'insatisfaction d'avoir un jour existé. C'est ça qui me
terrorise.

C'est cela qui t'anime dans la vie ?

Mon esprit perturbé en profite. La faiblesse de mon
discours…

*Rien laisser, pas une once de fierté. Quelle contribution as-tu
apportée ? Est-ce que l'on t'aurait pleuré ? À qui un homme
comme toi aurait-il manqué ? Il pleurerait uniquement mon
ego, le masque. Sans connaître le fond de ton cœur. Un goût
d'inachevé dans un parcours jugé trop court : « Il nous a
quittés trop tôt, cet ange », avec une colombe en story
Instagram. Ce n'est pas la mort qui t'a bridé. C'est toi-même !*

Je suis revenu sur le terrain en janvier, et malgré
certaines difficultés, la tête reste haute chaque fois que je
rentre sur le terrain, avec gratitude.

FUIS-MOI, JE TE SUIS.
SUIS-MOI, JE TE FUIS.

One More Night — Maroon 5

Pays de l'imaginaire, France, Paris ville parallèle — Fashion Week (2024)

Je décale le rideau et me retrouve à un défilé de mode. À mon bras, mon ancienne petite amie. Autour de nous, du beau monde. Le décor est blanc, l'estrade sur laquelle les mannequins défilent aussi. C'est épuré et minimaliste. Tout le monde nous regarde, avec des regards mêlant admiration et jalousie. Dans ce rêve, je croise beaucoup d'inconnus, mais aussi des joueurs de football, certains de mes coéquipiers. Pourtant, je ne me sens pas à l'aise. Ni dans mes vêtements ni dans l'image que je renvoie. Mais je marche, l'air hautain. Je suis seul pendant quelques instants, ma copine a disparu. Je parle avec des inconnus, des femmes. La conversation est intéressante, mais je n'y prête pas attention.

Mon attitude change. Je deviens arrogant. Au fil du songe, je deviens de plus en plus méprisant avec les personnes qui m'entourent. J'agis comme si je ne le remarquais pas, alors qu'au fond, je me sens mal.

Ma petite amie commence à s'énerver. Elle est jalouse. Plus son énervement grandit, plus je marche vite et loin d'elle. On se lance dans une étrange course-poursuite, au milieu de ce décor de haute société. Je fuis, comme toujours. Tout le monde nous regarde, mais on s'en fiche royalement. Ça me fait rire, mais pas elle.

Elle finit par me rattraper, en marche rapide. On s'arrête, face à face. Sa crise de jalousie bat son plein, tandis que j'essaye de reprendre mon souffle.

Et puis les rôles s'inversent. Maintenant, c'est elle qui parle à tout le monde. Ça m'agace. Je veux lui parler, elle m'ignore. Pire, elle fuit en rigolant. La course-poursuite reprend. Sauf que, cette fois, mon inconscient nous autorise tous les deux à courir. Un épisode de *Tom et Jerry*.

On bouscule les invités. On passe sur l'estrade en plein défilé. Soudain, un buffet surgit de nulle part. On zigzague entre les chaises, on tourne autour. Je finis par la rattraper… et cette fois, c'est moi qui fais ma crise de jalousie.

Quelques-uns de mes coéquipiers interviennent, inquiets. Ils me demandent si tout va bien. On finit par se calmer. On s'assoit et on regarde à nouveau le défilé. On se prend au jeu : on juge les mannequins médiocres, convaincus d'être plus beaux qu'eux. Le défilé continue, mais nous, on s'en va, sous le regard intrigué de la foule.

Soudainement, changement de décor. Une autre pièce, plus petite. Juste nous deux. Il y a plusieurs rangées de manteaux suspendus sur des cintres. Un dressing, je suppose. Puis mon subconscient prend le contrôle. Une envie soudaine. Il décide, alors il exécute… dans ce rêve.

LA SOIRÉE ROMANTIQUE
D'UN GENDRE IDÉAL

Someone You Loved — Lewis Capaldi

France, Nice et ses alentours (2024)

Est-ce que ce sont les petites attentions qui comptent ? Ma copine de l'époque et moi sommes dans un restaurant, quelque part dans l'arrière-pays niçois. Nous sommes plongés dans un cadre romantique. À table, nos regards s'accrochent. La lumière tamisée fait briller mes yeux. En fond, un peu d'Italie, *On an Evening in Roma* de Dean Martin.

Les coudes posés sur la table, la tête soutenue par mes bras, mon visage en diagonale. Je suis là, j'ai l'impression d'exister. Je me perds dans l'instant. Dans le lieu qu'elle a choisi. Plus de jugement, plus de contrôle. Juste son sourire, une belle parole, un compliment. Je suis séduit. Ma voix est fluide. Je vis un rare instant de confiance totale. Douce, claire, aimante et limpide. Plus de parasites. *Tu parles de moi ?*

Puis, simplement, la curiosité enfantine prend le relais. Plus je l'interroge, plus elle s'ouvre. La conversation est profonde, captivante. Une part de moi renaît. Le petit garçon avide de comprendre. Je veux poser des questions pertinentes, alors je m'exécute. Ses réponses sont intenses. Il y a du sens dans ses mots. Son ego reste en coulisse, le mien est assis au premier rang, fasciné. La discussion balaye la séduction, ne garde que les émotions. Je ressens son cœur. Et le mien bat avec une maladie : celle de l'amour.

Mais… de nos jours, les actes romantiques se perdent. Entre offrir un sac à main ou s'abandonner à un instant, à une personne. Mon âme a choisi.

Je t'ai offert plus que mon reflet – mes regrets.
Faites-moi tout oublier, que je la revive,
Candide, simple et heureux.
Je t'ai livré plus qu'un homme – le vrai.
Donnez-moi l'intimité pour que je la ravive,
D'un feu si précieux.

Cela fait quelques années que je partage ma vie avec une sudiste vivant près de Nice. Cette relation à distance dure depuis mon arrivée en Belgique. Alors, lors de mes week-ends de libre, quand je n'ai pas de compétition sportive, je retourne à Nice pour la voir. *La famille et les amis aussi, dis-le !*

Ce soir, après le restaurant, nous sommes de sortie à Monaco, avec mes deux coqs préférés, ma sœur, ma copine et moi. Nous allons dans une boîte de nuit qui s'appelle *Twiga Monte-Carlo*. Ma sœur, sobre et responsable, nous conduit avec ma copine. Dans la voiture, la musique est à fond, l'ambiance est garantie ! Arrivés sur place, on se gare dans le parking de la boîte. Nos amis nous attendent déjà ! On sort tous de la voiture en même temps. On se croirait dans un film. On occupe toute l'allée du petit parking, comme des stars… jusqu'à ce qu'une voiture arrive en face. Manque de charisme, on se décale tous en file indienne. La voiture nous passe, le champ est libre.

On reprend notre scénario. On marche les bras ballants, le pas assuré vers l'ascenseur, les uns à côté des autres, au ralenti, avec un air de Rihanna dans la tête. Ma sœur manque de tomber avec ses hauts talons. Les hommes en chemise et les femmes en robe. Moi ? Tout en blanc, lunettes de soleil noires. *Pathétique ! Tu ne vois rien en plus dans la boîte de nuit.* C'est vrai, elles sont excessivement foncées. Je tente inlassablement de gagner quelques points de beauté en plus. *Frimeur !*

Les portes de l'ascenseur s'ouvrent. On rentre tous ensemble. Je pète, mais ça ne sent rien. J'avais rapidement vérifié qu'on était bien seuls dans cet espace serré. On a tous cinq parfums différents et on a complètement abusé sur la dose. Une légère odeur se dissipe. *Peut-être…* Tout le monde se retourne vers moi au moment de l'impact, l'air dégoûté. « Ah ! » J'ai un grand sourire aux lèvres et je dis : « C'était pour détendre l'atmosphère. » Mon ami, juste à côté de moi, pleure de rire en tombant sur mon épaule. Il sait que j'ai attendu exprès que l'on rentre tous pour… *Enfin c'est bon, continue l'histoire !*

On arrive devant les jolies hôtesses d'accueil, on a réservé une table. *Tu as vraiment de l'argent !* Elles nous laissent passer avec un grand sourire. « Passez une bonne soirée. »

Arrivés à la table, mon ami lève le bras et fait signe au serveur qu'il connaît de venir. *Quelle arrogance !* On commande directement de l'alcool, du whisky. *De vrais pirates. Tu portes le cache-œil de la connerie ce soir.*

On mène une vie d'artiste. On chante à s'en casser les cordes vocales. On danse jusqu'à se déchirer un muscle. On boit jusqu'à se faire tourner la tête. On reste dans notre cercle, dans ce petit groupe, sans gêner les autres. Mais on lance tout de même quelques coups de coude sans faire exprès quand on danse avec trop d'intensité.

Dans ce petit groupe, il y a un duo qui m'intéresse tout bonnement. Ma petite amie et moi. À deux, le temps s'arrête. La musique bat son plein. Dans ses bras, je me perds. J'attrape cet instant, la voix dans ma tête est devenue un spectateur émerveillé. Les démons de mes nuits nous admirent. En silence. *Qui ça ? Qui ça ?* Je suis distrait, le regard ailleurs, les yeux dans les nuages. Je veux narguer cette voix. *Qui ça ? Qui ça ?*

Elle chope une partie de mon visage et de ma nuque pour tourner ma tête vers elle. Je me promets intérieurement d'arrêter ces foutues pensées. Elle profite, je suis. Elle parle, j'écoute. *Pas comme avec…* Bref, il n'y a pas seulement des sons que j'entends. Je laisse son cœur démarrer la conversation avec le mien. On débute ce jeu de séduction. Sa danse est engagée. Nos cœurs sont si proches qu'ils se touchent de la main. Je m'abandonne. L'amour éloigne ses détracteurs. *Moi ?*

L'atmosphère ralentit, le temps s'accélère. Le bruit de fond fait vibrer nos sentiments. Comme une énergie inexpliquée. Sourire aux lèvres. Les yeux dans les yeux. Mon esprit me laisse tranquille. *Si seulement je pouvais m'aimer autant qu'elle.* Impliqués dans le présent éternel, on ne peut se séparer l'un de l'autre. Le magnétisme. L'âme suit les corps dansants. Le rythme des pas. Nos hanches s'éloignent et se rapprochent. L'intensité de ma poigne contre sa silhouette. La caresse de son toucher contre mon cou. Ses mains glissent sur mes épaules, les miennes avaient oublié les bonnes manières. Je la voulais proche. *Encore un peu*. Puis, un baiser langoureux.

Nos âmes jouent les marionnettistes. Ce fil est le symbole de la liberté. Je suis complètement envoûté. Elle rit de ma danse désarticulée. Je veux prolonger son plaisir. Je veux que mon corps s'essouffle. Je reprends un peu ma respiration. Je désire lui montrer l'intensité avec laquelle je me laisse chavirer. J'aime perdre ce contrôle *ce soir*. Je laisse échapper tous mes désirs. Mon cœur lui parle de mes bonnes intentions. Si je demande un baiser, c'est pour que mon être ressente la chaleur de son amour. Embrasser sa présence délivre l'excitation. L'attirance s'échappe des lèvres en mouvement, l'une contre l'autre. Une morsure ne peut pas rester en moi, car chaque cellule de mon corps la veut plus proche de moi… *Plus*.

Les frissons rendent des comptes, le toucher est messager. L'objectif est clair : attraper son cœur et le serrer bien fort. Les mouvements de bassin s'apprivoisent, elle se laisse distraire aisément. Tout l'art subtil de la tourmenter. *Va plus loin.* Elle jette son rire en l'air. Elle est proche de moi. *J'adore ! Encore une fois !* L'un contre l'autre, je la fais rire aux éclats. Elle est irrésistible, je vais succomber… Elle le refait une deuxième fois, elle lance son beau rire et ses joues en l'air. *Encore ! J'en ai besoin, plus haut…* Dans l'éternité de ces lumières étoilées de la boîte de nuit, elle s'adonne à moi.

Ça suffit, arrête… ne dépasse pas cette limite…

Elle me laisse entrevoir son cou. *Une faiblesse ?* Comme un serpent, sans qu'elle ne s'en aperçoive, ma dépendance affective se jette contre cette partie fragile de son corps. Je la mords sauvagement. *Stop.* Je la renforce à chaque morsure. *Ça suffit.* Je la rapproche. C'est aimer jusqu'à la souffrance, la finalité. Le venin se libère. *Trop tard.* Aimer jusqu'à se rabaisser pour sentir le poids de ses failles. L'appétit vient en mangeant, j'ai la *dalle*. Le besoin de validité me transperce, l'amour devient l'excuse pour devenir de plus en plus toxique.

Je suis addict à ce souvenir. La dopamine s'apprécie. Elle est aux anges. Je crée secrètement le revers de ce paradis. *La maladie du plaisir instantané.* Je tousse l'ignorance, et c'est plus fort que moi. Jusqu'à en avoir mal au ventre. Ces moments de vie si intenses, j'ai choisi de les vivre ainsi. Sans concession. Par conséquent, je dois accepter que ma passion dépende d'eux. J'entretiens toujours la croyance malsaine que mon amour n'avait jamais été aussi fort que ce soir-là. *Croire jusqu'à en dépendre. Bravo !*

Je me fais manipuler par mon ego. *Trouve-toi des excuses.* Les démons reprennent leurs droits. J'ai lancé le fil de mon âme, comme un lasso autour de sa taille. *L'âme n'a rien à voir là-dedans.* Je ne serai plus jamais le même. *Encore plus con.* La passion devient un souci affectif et identitaire. Oui, j'ai fermé les yeux pour laisser mon amour de côté. Impossible de les rouvrir, j'ai scellé mes paupières avec mes agissements. Malgré les efforts de conscience. Je ne ressentirai plus l'amour tant que je n'aurai pas résolu l'énigme du mien. *C'est toi qui l'as cherché.* La dépendance affective, c'est comme se lever le matin du bon pied en se disant : « Ça y est, je vais passer à autre chose » et prier de tout ton cœur que ce ne soit pas aujourd'hui.

La soirée suit son cours, je profite du moment avec ce groupe de personnes merveilleuses. Une pensée me reste en tête. Quand je serai seul, loin de ces gens que j'aime tant. Loin de ces bons moments. Que la nuit tombera sur mon décor belge. Je serai seul et en manque, en sevrage auto-imposé par ma folie. Ma dose quotidienne de reconnaissance, d'admiration et d'amour sera comblée par quel domaine ? *Par qui ?* Je serai en train de faire semblant de dormir, comme je fais semblant d'apprécier l'homme que je vois dans le miroir de chez moi. Toujours faire comme si. *Tu es riche de toi-même, heureux, fort, normal, sans dépendance ni besoin d'amour, sans sensibilité ni faille, sans le désir ardent de vouloir être plus…*

Ils sont si bons, mes proches. J'aimerais passer ma soirée à les embrasser à tour de rôle, pour leur montrer mon amour. Celui que je suis incapable de me donner. Eux, je leur offrirais volontiers ma tendresse. Il y a beaucoup de moments où j'ai voulu me trahir. Par conséquent, j'évite d'accepter l'offrande hypocrite d'un soupçon de compassion venant de ma part. *Blaireau. Pose-toi les bonnes questions…*

C'est seulement de la passion, du désir et de l'attirance ? Un corps ou une approbation féminine dont j'ai besoin ? Cela ne satisfera jamais le fond. Aimer inconditionnellement, faut-il avoir été troublé pour le pouvoir ? Conscience, compréhension et humilité sont un vocabulaire à l'opposé de mon orgueil. J'ai rarement filtré mes vraies failles. Comment puis-je aimer en toute transparence ?

Le couple est conditionné par les codes de la belle romance. *Tes attentes et ta perception doivent changer.* Toute ma jeune vie, j'ai préféré l'idéal au concret. Le rêve à la réalité. *Reviens dans ce moment, je t'en supplie, ça me fait mal d'y repenser.* La soirée est merveilleuse. Pour la première fois de ma vie, j'ai pris des vidéos. Il vaut peut-être mieux que je sois le cameraman ce soir. Au moins, je ne prends pas la responsabilité de regarder mes yeux verts malades sur l'écran demain.

Dans la voiture au retour, je suis bourré, la tête qui penche dans tous les sens lors des virages. Je ne fais que de parler, alors que je suis habituellement silencieux. L'alcool est le sérum de vérité d'un moment. Si l'œil de la connerie descend jusqu'à ma bouche, les vannes seront hachées, les mots sortiront crus, comme une personne âgée qui n'a plus de filtre entre ce qu'elle pense et ce qu'elle dit. La vulgarité qui est en moi doit sortir. Je n'insulte personne, je vous le rappelle, je suis peureux et je ne veux pas laisser de trace. *Soi-disant.* Alors je dis n'importe quoi, pour pallier toutes les choses précieuses que j'écris tout seul à la maison. J'ai faim d'équilibre. J'ai soif de : *regardez-moi*, enfin plus précisément, *écoutez-moi.*

Ma sœur nous a déposés, ma petite amie et moi, chez mes parents à Nice. Arrivé devant la porte, je manque le verrou et galère pour l'ouvrir. Comme un symbole, elle ne s'ouvre pas, il faut passer de l'autre côté. J'essaye d'être discret. Donc, je suis aussi doux avec cette porte qu'un éléphant. Je tape la poignée. Retourne la clé avec précautions et délicatesse. Un bruit inimaginable à 5 heures du matin. *Chut.* La porte est enfin ouverte.

J'ai des envies d'hommes virils à combler. *Macho.* Je passe à la douche. Elle me rejoint. *C'est bon signe, ça.* L'eau sur mon corps me fait revenir à la réalité. Je ne tangue plus quand je vois les courbes de son corps. Je suis simplement amoureux. Alors, on se lave en détail…

D'habitude, je n'aime pas boire avant les matchs. Mais « tant que tu es performant sur le terrain, ça va… ». Cette nuit, j'ai pris les trois points. La passion. Amoureux. Aveuglé. Je ne reconnais plus mes pensées. Les papillons dans mon ventre vont être attachés au lit. Une punition passionnelle, pour jouir de ma culpabilité. Dans une récitation tendre et charnelle, je m'autodétruis. Les marques rouges d'éraflures causées par l'auto-trahison. Je les porte sur mon dos. *Ça te plaît ?* J'éteins la lumière, non, je tamise l'ambiance. Je suis en confiance. Les griffures sont invisibles pour mes démons, elle caresse un ressenti. Le toucher est vallonné.

J'ai fini. Puis j'essaye de m'endormir, *toujours* sur le ventre, à côté du drap taché.

L'ÉPOPÉE

There's Nothing Holdin' Me Back — Shawn Mendes

Belgique, Tubize (2024)

Je vais chercher ma sœur à l'aéroport de Bruxelles, elle vient passer quelques jours avec son petit frère. Cependant, une pensée qui m'est venue hier soir me ronge intérieurement. J'ai l'idée, ou l'ambition, de faire le trajet Tubize-Nice à vélo. Soit 1 150 kilomètres. Il y a plusieurs problèmes, manques et détails importants : je n'ai pas de vélo. Personne n'est au courant de mon projet. La dernière fois que j'ai fait du vélo, c'était il y a plusieurs années, lorsque j'ai crevé ma roue sur la promenade des Anglais après avoir parcouru à peine 20 kilomètres. Je n'ai pas le physique adapté, je suis habitué aux efforts courts sur du gazon bien délimité. Surtout, le championnat commence dans quelques jours et on compte sur moi. Je n'ai aucune certitude quant à ma réussite ni sur le nombre de jours nécessaires pour le faire. Enfin, je ne sais pas si le club va m'accepter à mon retour. Mais je dois partir… je me laisse quatre jours.

J'expose les faits à ma sœur. Évidemment, elle essaye de me ramener à la raison. *C'est impossible*. Elle a peur pour moi et stresse énormément. *La pauvre, dès qu'elle vient, tu pars.* Pour l'instant, c'est la seule informée. J'achète un vélo tout chemin (VTC), *tu pars en balade champêtre ?*, et les équipements nécessaires. *C'est faux, tu n'as rien !* J'ai « pimpé » mon vélo avec des prolongateurs, des cale-pieds, des lumières avant et arrière, un support téléphone, un porte-gourde et une petite sacoche. J'ai rempli la sacoche avec une pompe, un démonte-pneu, une chambre à air, une lampe torche, un couteau suisse, un chargeur de téléphone, une batterie externe, des écouteurs, de la crème solaire, un stick à lèvres et de la Bétadine. *On pourrait croire que tu es quelqu'un de réfléchi…* Je n'ai même pas pris le temps de regarder des vidéos sur le *bikepacking*, mais plutôt sur le matériel à prendre lors d'une sortie route. *Intelligent.* Je planifie un itinéraire avec plus de 7 500 mètres de dénivelé positif. Je veux absolument éviter les Alpes. *Dans tous les cas, même en les contournant, tu n'as ni la capacité physique ni mentale pour réaliser ce périple… À la base, tu es monté en Belgique pour faire du foot. Qu'est-ce que tu fous sur un vélo ?* J'achète de la nourriture : des gels et des barres de céréales. J'ai pris deux grosses flasques de deux litres que j'ai portées dans un sac à dos. Je ressemblais à Docteur Octopus dans *Spider-Man*. *Tu es un imbécile. Question, où sont les affaires de rechange, de toilette, la brosse à dents ? Et le sac de couchage, la tente ou, à la rigueur, une couverture de survie ?* De plus, j'ai une tenue de sport que je porte, et ça suffit. *Bon, allez, ça va ! Raconte tes anecdotes de merde, je me casse !*

Jour 1 : Tubize — Jeumont (55 kilomètres)

Un départ rempli d'émotions et une arrivée remplie de merguez… *Je te laisse deux secondes… et c'est ça le début de l'anecdote.*

Pourquoi le moyen de transport cyclable ? Il y a l'avion, le train, la voiture à la rigueur… Le geste n'est pas assez fort d'impact. Je veux une empreinte indélébile, je souhaite l'avant et l'après de mon être. Une transformation, une différence flagrante. Un message que j'envoie à mon monde parfait, pour lui montrer à quel point je souffre d'imperfections. Une reconnaissance éternelle. Un acte qui poserait les bases d'un début de respect de ma personne. Je veux changer pour le bien. Remettre en cause le jeune homme que je suis. Les autres moyens sont trop rapides, je n'ai pas le temps de me faire souffrir jusqu'à prier pour que cela s'arrête. Je veux aller jusqu'à la frontière du bien et du mal, et entrer en territoire inconnu avec terreur.

Arrête de te mentir à toi-même. Je veux lui montrer à quel point l'amour est plus fort que moi. Me dépasser et m'enivrer. À quel point j'ai toujours voulu me raisonner, être responsable, mature, stable… alors qu'au fond, je n'ai rien construit. Aucune fondation, aucun socle. Je reste juste en surface. À vélo, aussi bête que cela puisse paraître, je n'ai pas eu le temps de critiquer le peu de capacités que j'ai. Mes coups de pédale sont frais et neufs. Je roule sans opinion, sans avis, sans blessure. Le cyclisme n'a pas vu le « Tu vas voir. » dans mon regard. Le vélo a une chaîne, pas moi…

Tu attises ma curiosité jeune audacieux, je désire comprendre le pourquoi. Le désarroi rit de la raison. Je veux battre les limites physiques et briser les barrières mentales. Puis continuer de pousser, *encore*. Je désire un sacrifice mental, faisant pâlir mon vécu peu vallonné. Tirer ma peine par le bras et lui dire à quel point elle est trop douce envers moi. Je suis indigne de sa clémence et de son indulgence. Je cherche la douleur, car je ne l'ai jamais connue. *Une vie facile ? Tu cherches la difficulté.* Logique. *Tu cherches la gloire, vu que tu as eu l'argent…*

Aujourd'hui, mon ami le jugement m'a rattrapé. À vélo, je narguerai la culpabilité, en me moquant de mes peurs. *On verra…* Je rirai de ma solitude. Je veux que la souffrance prenne toute la place qu'elle désire dans ce côté sombre, pour lui prouver que la folie ne lui appartient pas. Si ce geste de cycliste désespéré n'aboutit pas, si ce contrôle de balle, je le rate une fois de plus, alors mon ami le jugement retrouvera son nom complet : Jugement dernier. *Carrément.*

Le but est d'arriver à destination avant mon chagrin. *C'est pour elle, du coup ? Par amour ?* J'ai envie d'être avec elle. Je suis submergé par les émotions, mon amour prend trop de place. Je deviens comme mon père. Trop. Je n'arrive pas à prendre du recul. Être mesuré en amour, c'est comme une mère qui ne s'inquiète pas pour son fils : inimaginable. J'ai montré à quel point son possible, et mon amour étaient en grand écart. Je suis en proie à des tourments cérébraux, qui me poussent vers l'impossible et l'irréalisable.

En ce jour de départ, je doute, mes mains sur le guidon tremblent. J'ose enfin affronter mes démons dans les moindres recoins. Je pensais avoir cette fameuse crainte d'échouer, celle qui me suit depuis tant d'années. La terreur se cache ailleurs, dans ma réussite, dans l'amour, la compassion et la fierté que je pourrais m'accorder à la fin de ce moment de gloire. *Fuir les responsabilités, les contraintes, pour se dévoiler ? Être libre de ton insatisfaction perpétuelle ? S'affranchir de ta situation et de l'homme que tu deviens, qui ne te plaît pas ?* Je n'ai pas d'excuses face à l'amour perdu. Le mien. La dépendance affective doit, au fil des coups de pédale, me rendre humble. Ma peau de vipère va s'effriter. Du moins je l'espère.

La cause du départ, c'est l'amour. Mais les vraies raisons sont bien plus perverses et profondes que cela. *Quand les émotions retomberont, quelles seront les raisons de continuer à pédaler ?* J'affronte mes plus grandes peurs et doutes en remettant en cause mes croyances. Je pars à l'aventure dans le chaos total. Je vais souffrir. Mais je l'ai choisi, ce qui rend la perception de cette souffrance différente. Elle m'inspire. Elle m'oblige à ne pas arrêter de pédaler.

Là où vous lirez de la philosophie, ou un voyage spirituel, je ne verrai que du mal-être. Au moment où votre imaginaire commencera à développer le scénario, dans mon cinéma, je reverrai les vraies scènes, les moments coupés, les décors magnifiques, les frissons que j'ai ressentis. Quand vous ressentirez de la peine, toute la souffrance accumulée, c'est là que, moi, je ressentirai la liberté.

Si je réalise ce scénario, si je pars… Je raconterai cette histoire à mes enfants. Les yeux émerveillés, ils penseront que je suis un courageux. Alors que la nuit, je ressentais une peur profonde. Ils n'ont jamais vu quelqu'un d'aussi sûr de lui. Papa allait s'estimer mort après cet échec. Ils chuchoteront entre eux que leur père se connaît bien. Je leur expliquerai que mes croyances me bouffent une à une, au fil des jours. Avec leur mère, ils diront que je parle comme un vieux sage. J'ai juste parlé avec mon ombre : le jugement. Et pour une fois, il n'avait plus la capacité de suivre la cadence. Ils me trouveront distant, pensif, trop occupé par mon salut, mon pardon. J'écoute le silence attentivement, car c'est la culpabilité qui guide mon sens de l'orientation. Mes proches, mes amis, ceux qui auront entendu cette anecdote dans leur cœur, leur esprit ou leur ego, diront que je suis inconscient. J'ai ma fossette sur la joue droite qui se creuse. J'ai discuté avec la souffrance, elle m'a bien fait rire sur ce *foutu* vélo.

Tu es fou ! J'ai vu l'obligation de réussir, l'obligation et le bruit de mon âme. Et vous savez ce qu'elle me disait « Continue. », « Ne t'arrête jamais. », « Reste hors de contrôle. » Les personnes censées lorsqu'elles sont submergées par les émotions se demandent « Pourquoi et comment j'en suis arrivé là ? » *Évidemment.*

Au fond de mon esprit, j'ai peur d'une idée qui ne vient que de moi, et de personne d'autre. Le pari est osé : affronter les idées folles et les suivre. La folie ne vient pas d'un cheminement de pensée, mais dans ces conditions si je n'entreprends pas ces directives. *Tu as peur. Tu resteras ce même gars. Tu es faible, fragile. Tu n'es pas capable. Tu n'es rien. Tu ne fais rien. Tu ne tentes rien. Tu n'as aucune volonté. Tu n'as pas de valeur. Il est logique que tu finisses seul. Personne ne saura jamais qui tu es. Personne n'a envie de le savoir. Qu'est-ce que tu diras à tes enfants ? Tu expliqueras que leur père n'a jamais eu le courage ni la force de réaliser une seule de ses pensées. Qu'il a peur des représailles, des conformités, mais aussi de la mort. Il a peur de son père. Qu'il vit à travers la terreur d'être un échec face à lui. Qu'il respire sous sa protection. Qu'il n'agit que quand ça lui a été demandé. Tu vas devoir dire à tes enfants, et t'en rappeler tous les jours de ta vie. Tu es comme tous les autres papas qui disent : « Je voulais le faire, mais manque de temps et d'énergie. » Elles sont où tes couilles ? Quelle valeur pourrais-tu prôner ? Je me demande… qui voudrait des enfants avec un homme aussi minable que toi ? Finalement, qui voudrait partager sa vie avec un lâche ? Ta parole ne vaudra rien. Tes enseignements ne seront pas écoutés. Il te sera impossible d'inspirer, d'aider, ni même de créer ta famille. Tu n'es même pas capable de t'en sortir seul. Tu ne prends aucune responsabilité. Comment veux-tu le faire pour tes propres enfants ?*

J'en ai assez entendu pour aujourd'hui. C'est insoutenable de donner raison à ces démons. *C'est un discours interne minable qui te pousse ?* Tu vas voir. J'attrape la morale et la bienséance par le cou… Euh… désolé, je me suis emporté, je n'ai pas conscience de ma force. Comme vous l'aurez deviné, je suis parti. Pour l'heure, sans aucune gratitude, seulement avec du courage… *Supprime le « cou » dans le mot !* Seulement avec de la rage.

J'ai reçu mon vélo avec quelques jours d'avance. Quand nous l'avons récupéré avec ma sœur, toutes mes affaires étaient déjà prêtes. Dès que je l'ai eu, je suis parti. Il est 14 heures. Mains moites sur le guidon. Tout est prêt, sauf moi. Ce soir j'ai match à 20 heures, mais je ne compte pas y aller. Ma sœur me regarde. Prends des photos. Jusqu'alors, elle ne réalise pas toute l'ampleur de ma détermination et de ma folie. Elle pense qu'après quelques kilomètres, je vais revenir aussi bien à la raison qu'à la maison. C'est mal connaître son petit frère. Je lui demande de prévenir ma mère dès que je pars. Elle suit méthodiquement mes consignes et appelle ma mère. Le téléphone sonne, ma mère en pleurs : « Tu veux que ta sœur fasse une crise cardiaque ? » Je n'écoute pas. Le téléphone sonne à nouveau, ma sœur en larmes : « Tu veux que maman fasse une attaque ? » Aucun signal de ma part. Je continue ma route.

Il est venu l'heure de prévenir mon coach de mon absence ce soir au premier match de championnat. Avec le vent et un mauvais réseau, on a du mal à s'entendre parler. Je m'arrête et lui explique les faits. Il essaye, sans succès, de me ramener à la raison. Au fur et à mesure de sa compréhension, il me dit calmement de tenir au courant mes parents pour les rassurer.

Là, j'ai un florilège d'appels. Mon père. Je raccroche. Ma mère. Je raccroche. Mon ex. Je raccroche. Sa sœur. Je raccroche. Je passe en mode avion et ne réponds plus à personne. Je dis seulement à ma sœur de me suivre sur la localisation de mon téléphone et de retourner chez mes grands-parents en Normandie. Elle s'exécute.

Dans mon monde, c'est un grand pas en avant. Dans le leur, c'est une catastrophe. Pour eux, je dois aller me faire soigner. Pour moi, c'est ma thérapie.

Dans l'engouement de mon départ et de tous ces appels, mon cœur s'emballe. Avec quelques respirations, je réussis à me calmer, à faire redescendre les battements cardiaques. Le noir de mes yeux se libère, et avec lui, toutes ces émotions. Je pédale dans cet inconnu. Je prends du recul. J'envoie les consignes, les ordres, l'obligation du moment à la poubelle. Surtout, j'envoie balader la pire chose qui puisse m'arriver : venir à l'entraînement ou en match pour être un fantôme. Vouloir être ailleurs, pas dans le *flow* du moment. Juste venir parce que c'est sur mon emploi du temps. Pisser sur ma passion à ce point-là, je refuse. Toutes ces heures passées, cette souffrance sur ce terrain, ce travail acharné pour être quelqu'un d'autre et, au final, me sentir mal quand j'ai les crampons aux pieds. C'est impossible. On m'a éduqué avec le respect d'être entier. De toujours tout donner, à la hauteur de ce dont je suis capable le jour même. Plutôt crever que d'être un légume qui ne respecte pas le football.

Je croise un homme à vélo, la cinquantaine. Je l'alpague poliment à une intersection. On se fait klaxonner, il râle avec un geste. Je récupère mon souffle et lui demande le chemin le plus plat pour sortir de la Belgique. En quelques phrases, je ressens une sérénité en lui. Avec clarté et confiance, il me demande de le suivre.

Il rentre à la maison après son boulot d'ouvrier où il travaille depuis plus d'une quinzaine d'années. Il parcourt chaque jour, 20 kilomètres aller-retour. Son vélo est électrique. Il connaît cette parcelle de route par cœur. J'ai accès aux meilleurs conseils et aux indications les plus précises sur les chemins à emprunter. Il me garantit une expérience agréable.

On longe un canal. La vue est dégagée, entourée de verdure et d'éoliennes. En ce mercredi ensoleillé, les enfants sont de sortie. On les dépasse prudemment, un sourire aux lèvres. Le soleil commence à baisser. Je me promène dans mon monde en couleur. C'est agréable, il a raison.

Je laisse parler mon ressenti. Aucune dépendance, aucun attachement par nécessité. Je sais à qui me fier. Au moindre changement de rythme, je resterai sur mes gardes. Il me laisse à un croisement et me désigne une route à suivre. Un dernier merci. J'obéis. Au revoir.

D'après mon itinéraire, j'avais 48 heures de vélo sans pause avant l'arrivée. Une part de moi, infime, mais tenace, croyait encore pouvoir tenir sans dormir. Je me promets l'inatteignable. *Toujours.* Je raisonne mon cerveau malade. Je me fixe un objectif : arriver dans une semaine. Mais mon plan est bancal, trop malléable pour être fiable. Je grimpe quelques côtes et ressens aussitôt mon souffle court, mes jambes congestionnées, mon rythme désespérément lent. Les kilomètres ne défilent pas. *Tu vas arriver dans 15 jours à ce rythme-là.*

Plus tard dans la journée, je m'arrête chez une buraliste pour recharger mon téléphone. Je viens tout juste de me rendre compte que ma batterie externe ne fonctionne pas. La galère. Je discute avec la dame à la caisse, je lui parle de mon périple. Elle est d'abord méfiante. Pendant qu'on échange, un homme rentre dans la boutique. Il écoute la conversation. La buraliste me conseille un camping, à une vingtaine de kilomètres d'ici. L'homme, fort de carrure, l'interrompt et me dit que je n'aurai pas le temps d'y arriver avant la tombée de la nuit. Il me propose un toit et un barbecue pour ce soir. Puis, je décide de lui faire confiance et j'accepte son offre. Un abri chaud, de la nourriture… Sans couverture, j'aurais dormi dehors. Alors, voici mes premières merguez de l'été — achetées ensemble avec ce nordiste au grand cœur — en septembre. *Mauvais sudiste que tu es.* On arrive chez lui, il a déjà prévenu sa compagne de mon arrivée surprise. Je me présente sans évoquer « fils de ». On papote, il s'occupe du barbecue, on partage un bout de nos vies. Je le remercie maintes fois pour leur hospitalité. Je songe un instant. Ce soir, je devrais avoir commencé le match en tant que titulaire. Mais j'ai fait basculer ma vie d'un seul coup, porté par une impulsion. Qu'est-ce que je vais devenir ? Aucune idée.

Je pense à mon coach. Il a menti pour me couvrir, prétextant un problème familial. Un geste qui rend ma vision du football plus humaine. Merci. Les joueurs, le staff et les dirigeants se sont inquiétés, pensant à un décès dans ma famille. *Non non c'est juste de la folie.* Dès que j'ai désactivé le mode avion, mon téléphone s'est rempli de messages. Ils voulaient savoir si tout allait bien. Je n'ai toujours pas répondu. *Si seulement ils savent ce que tu as dans la bouche.* Je ne mesurais pas l'impact de cette virée folle sur les autres : le coach, les joueurs, mes parents, ma sœur et mes amis… Mais je peux vous assurer qu'elle n'a pas changé que moi. *Ne te fais pas passer pour un altruiste, car c'est totalement égoïste, ce coup de sang.* Mais ça a rendu mon personnage plus attachant.

Le plat est terminé. La conversation glisse doucement vers le « fils de ». Fan de football, il le connaît. J'ai attendu avant de lui dire. Pas trop tôt, mais pas trop tard non plus, pour qu'il ne pense pas que je renie mon nom. C'est tout un *timing*. Il perçoit de l'humilité dans ma patience et dans mon silence. Je connais ma place maintenant. Il me demande si c'était difficile lorsque j'étais plus jeune. J'ai besoin d'un peu plus de sagesse ou d'un voyage spirituel pour y répondre.

L'heure est venue de monter la tente dans le jardin de ces gens accueillants. Première fois que je monte une tente. *Bah oui, tu es plus habitué aux hôtels de luxe !* Ce soir, je vais m'emmitoufler dans un sac de couchage, gratuitement. Je suis parti avec du courage, plus qu'avec du matériel. Je dors à la belle étoile dans un lieu inconnu. Un jardin de France. Est-ce que je rêve ? Est-ce que je me suis fait des amis ? Je préviens ma sœur que je suis en sécurité dans cette tente.

À demain.

Jour 2 : Jeumont — Mery-sur-Seine (250 kilomètres)

Tu cherchais l'épuisement moral et physique, non ? Oui, ce jour-là restera gravé dans ma mémoire. Le lendemain, réveil à 5 heures. Ça pique. Il fait nuit noire. Je range tout correctement, replie la tente, prépare le vélo. Le sac, la gourde et les flasques sont remplis de sucre et de sel. Le chaleureux nordiste m'a donné de quoi manger pour le trajet. J'ai même droit à un petit-déjeuner. Je profite de ce court moment pour remercier l'homme et sa compagne pour tout ce qu'ils ont fait. Par la suite, ils deviendront des amis. Il me dit de le tenir au courant et de ne pas oublier de réserver un endroit où dormir ce soir. « Au moins, tes parents s'inquiéteront moins. » Ils sont parents d'une merveilleuse jeune fille, une vraie princesse. Alors, il comprend l'inquiétude. *Toi, il n'y a rien qui t'inquiète pour le moment ?* Je suis son conseil et réserve un peu au hasard un hôtel à côté de Reims. Rapide et efficace.

À 6 heures, je suis déjà sur le vélo, direction la prochaine étape. La coïncidence veut que, 50 kilomètres plus tard, je croise et discute avec le tatoueur emblématique du chaleureux nordiste. Un concours de circonstances dingue, mais je ne le saurai que quelques mois plus tard. Le monde est petit.

Je roule, tout se passe pour le mieux. La météo est clémente. J'ai de bonnes sensations sur le vélo, je commence à apprivoiser le cyclisme : les routes, les montées et les descentes. Je joue avec les freins pour les tester. Je m'habitue aux cales, j'essaye de les enclencher et de les retirer avec fluidité. Je risque plusieurs fois de chuter, mais me rattrape *in extremis*. Je teste aussi les plateaux et essaye de comprendre leur fonctionnement. Puis, je tente de pédaler sans les mains. D'abord une main, puis l'autre. Combien de temps vais-je tenir ? Je manque à rien de tomber. Dans les descentes, je me positionne en mode aérodynamique, sur les prolongateurs. J'ai de moins en moins peur de la vitesse. Je fais quelques pointes à 57 kilomètres-heure. Ça peut sembler peu, mais à cet instant, je suis au maximum de ma concentration. J'enfile mes écouteurs. Finalement, je suis vachement occupé, entre les moments où je mange une barre de céréales, bois de l'eau, change de position. Je me tortille dans tous les sens. Pause pipi. J'envoie un message à ma sœur. La matinée passe rapidement.

Je fais une pause, je commence à fatiguer. Je suis dans un petit village du nord de la France. Je m'allonge tranquillement, les jambes en l'air. Il doit être midi. J'ai une faim de loup, alors je dévore les barres énergétiques. Cette journée-là, je n'ai rien mangé d'autre. En regardant l'itinéraire, je prends peur. Je n'avance vraiment pas. J'appelle l'hôtel pour les prévenir que j'arriverai tard ce soir. L'hôtel me demande de ne pas arriver après 23 heures. Oula… Il serait peut-être temps que je redémarre. Il faut savoir que je me forçais à ne faire que de courtes pauses, entre cinq et vingt minutes. À chaque redémarrage, mon dos me brûle sous le poids du sac et des flasques. Remonter sur le vélo est un enfer à chaque fois. Je force.

La journée avance, et là, je prends une décision catastrophique. *Ça ne m'étonne pas.* C'est la première fois de ma vie que je fais plus de 100 kilomètres. Puis, les 150. La lucidité me quitte. Je suis épuisé. J'ai mal partout. Mais pour l'instant, ça reste gérable. Je décide de changer d'application pour l'itinéraire. Je ne sais pas ce qui me prend. Je veux raccourcir mon trajet. Mauvaise idée. Elle me fait emprunter une route bien trop difficile pour mon niveau de cyclisme… *Ultra-débutant.* Les côtes sont raides. Impossible de forcer sur mes jambes. Je descends du vélo et me mets à marcher, le guidon dans une main. La selle commence sérieusement à me broyer les fesses. Marcher me soulage. Mon regard se tourne vers les vignes. J'ai l'œil de la connerie. Une idée me traverse l'esprit : couper à travers les vignes pour éviter la montée sur la route. *C'est vrai que c'est moins dangereux…* Bon, personne ne me regarde, je tente de couper par un champ de vignes. La lucidité (et la légalité) me manque à ce moment-là. Il a plu la veille. Je marche entre les vignes, tout va bien, sauf que la pente est raide et difficile à gravir dans l'herbe haute et humide. Je pousse le vélo de toutes mes forces, les bras tendus devant moi. Je me bats pour rester debout. La fatigue se fait sentir. Mes cuisses sont en feu. Il est 17 heures. Arrivé en haut de la montée, une forêt m'attend. Je lève la tête. *On est déjà la nuit ?* Quelques centaines de mètres à traverser, fier de mon raccourci. Je plonge entre les arbres et passe en mode survie.

Je repère un chemin plus praticable sur ma gauche. Je décide de le suivre. Il est étroit, jonché de bosses et de boue sèche. Par moments, je n'ai même pas la place de passer avec le vélo. Résultat : je le porte sur mon épaule droite. Tout l'attirail pèse bien plus de quinze kilos. Je me rassure en me disant que les militaires, en randonnée, portent facilement le double. *Tu n'es pas en mission !*

Je continue, tête levée, attentif. Selon moi, la boue est sèche jusqu'à la fin du parcours. J'accélère le rythme, convaincu d'avoir trouvé la sortie. Sauf que… Mon pied s'enfonce dans le sol. Le second suit, directement plongé dans la boue. Je ne vois même plus mes chaussures blanches. *Quelle idée de génie.* Temps de réaction inexistant. Aucune vision du jeu. J'essaye de trouver une place entre les troncs d'arbres, les branches et les zones de boue sèche. Je joue au *Twister* en pleine nature. Je perds l'équilibre plusieurs fois et frôle la catastrophe. En plus, je me trimballe un vélo. L'énervement mélangé à la fatigue explose. Je lâche tout. Les insultes en croate fusent. Ma tenue de base n'avait déjà rien à voir avec celle d'un cycliste. Vêtements de footeux, tout en blanc. Là, j'atteins le niveau suprême… *Tu ne ressembles vraiment à rien.* Je suis au bord des larmes, entre énervement, fatigue, pitié, rage et rire nerveux. Mais je suis vite interrompu. J'entends des bruits dans les branches, juste à côté de moi. Décharge électrique dans tout mon corps. *La peur.* Je soulève le vélo à une vitesse folle et le porte comme un sac poubelle. Les roues boueuses tournent et éclaboussent ma tête, mes lunettes et mon casque. Avec le rythme soutenu de la marche et tout le poids de l'attirail, chaque pas m'enfonce encore plus. Impossible de rester sur place. Je suis en panique. Je n'ai pas de réseau. Le film d'horreur débute. Et en plus… Il fait noir au fur et à mesure que je m'enfonce dans cette forêt.

Le chemin n'est jamais emprunté. Des troncs d'arbres me barrent la route. Un décor parfait pour que les ravisseurs me rattrapent. Je continue dans la souffrance physique et mentale de cette épreuve. J'enjambe le tronc.

Je récupère le vélo. *Pourquoi dans cet ordre ?* La chaîne du vélo, évidemment, se bloque dans les branches. À cette allure-là, dans un film, je suis déjà foutu. J'aperçois difficilement la fin de cette forêt amazonienne. La peur est toujours là. J'ai la lumière de ma lampe frontale allumée, il fait si sombre. D'un coup, j'accélère en marche rapide et vois la lumière au bout du tunnel. Je sors enfin. Les premières pensées : « Pourquoi j'ai fait ça ? » « Qu'est-ce qui m'a pris ? », répété plusieurs fois à voix haute. *C'est sûr, tu vas y arriver.*

Je respire à nouveau normalement. Le discours interne change. Il faut que je me mette à ce point dans la merde pour enfin entendre des encouragements. Quelle ironie ! Le petit garçon qui n'en avait rien à foutre de tout surgit. Plus le choix. Pourquoi ce n'est pas pareil sur le terrain ? Pourquoi la motivation que je ressens, au plus profond du mal-être, me rend courageux et déterminé ? Une force. Je souris. Les sept cents prochains kilomètres seront plus faciles que ce dernier. Les marécages sont derrière moi.

Je traverse un champ de blé taillé, tout plat cette fois. Un tracteur passe, petit signe de tête. Deux jeunes en motocross roulent vers moi. Eux stupéfaits, moi fier de ma bécane. D'une tenue blanche, je suis passé au marron supplément blé collé. Une journée classique en tant que poule.

Le soulagement est de courte durée. Sorti du champ, j'arrive au bord de la route et fais un rapide check-up. Le vélo est marron, rempli de boue. Comme moi. Je suis abattu. Les cale-pieds sont pétés, ils frottent le sol à chaque mouvement. Impossible de les réparer, les vis se sont barrées. Primordial pour un trajet aussi long. En plus, mes chaussures glissent avec la boue. Une catastrophe. J'ai presque plus de batterie. Le réseau est mauvais, impossible de remettre l'itinéraire sur l'application de base. Je suis encore très loin de l'arrivée. Il est 18 heures. Là, je crie. Je sors tout. Je commence à m'insulter. De toute façon, ce n'est pas le conducteur de tracteur qui va me juger. Je hurle : « Pourquoi je suis aussi con ! ». Je me baisse, tape ma tête avec mon casque sur la selle du vélo et m'effondre en pleurant. *Ça y est, t'as fini ton cinéma ?* Je suis exactement à Mareuil-le-Port, à 80 kilomètres de l'hôtel. *Si* je ne me trompe pas d'itinéraire. Vous pensez que ce n'est pas loin ? En voiture, c'est à une heure. Moi, j'ai encore quatre heures de vélo. Je viens de rouler entre onze et douze heures. Je suis à bout. Je n'ai jamais fait ça de ma vie. Je reprends mes esprits et continue vers le village d'après. J'ai à nouveau du réseau.

Je m'arrête dans un tabac. Mon temps est compté, donc ma pause doit être rythmée et efficace : me ravitailler, remplir mes gourdes, charger mon téléphone. Mon genou droit commence à vraiment me faire mal. Il gonfle. Sans les cales, je dois forcer bien plus sur mes quadriceps pour pédaler. Une horreur. Mais ce n'est pas grave. Je fais comme si je me sentais frais et que tout allait bien. Peut-être que mon esprit va y croire.

Je parle avec confiance aux gens dans le tabac. Je leur explique brièvement ce que je suis en train de faire. Oui, je me justifie de ma tenue et de mon odeur. J'appelle l'hôtel. Je leur demande de m'attendre, car je pense arriver après 23 heures. Gentiment, l'hôtel me sonne son accord pour 23 h 30, mais pas plus tard. Je vois une brèche. Je me demande s'ils peuvent me laisser quelque chose à manger dans ma chambre ce soir. *Une meuf ?* Le monsieur rigole et me dit qu'il peut me commander un kebab. J'accepte sans aucune hésitation. *Boost* de motivation. Ce n'est pas pour rien que dans mes rêves, il y a toujours de la bouffe. Je le remercie et lui promets un pourboire. Il rigole. Je suis sérieux. Je n'ai plus de filtre avec la fatigue et la perspective de bouffer. Je pourrais même lui faire un câlin à l'arrivée. Avant de partir, je laisse un pourboire au mec du tabac. *Calme-toi, Bill Gates.*

Je passe des larmes à la détermination. Les douleurs s'intensifient, la souffrance reste, mais j'ai à nouveau de la musique dans les oreilles, de la batterie et du réseau. Je suis nourri et mes gourdes sont remplies. Je pédale avec une seule raison en tête : arriver. Pour oublier mon état physique, je m'invente des règles sur ce vélo. Ça fait passer le temps. Ne jamais rebrousser chemin. Ne jamais m'arrêter plus de vingt minutes. Continuer de pédaler malgré les douleurs. Arriver vivant à Nice. Mais avant Nice : arriver avant que le gérant de l'hôtel aille dormir. Cette étape marque une fierté personnelle.

Je roule. Les cales tapent le goudron depuis déjà trente minutes. Elles frôlent de faire dérailler la chaîne à plusieurs reprises. Tout mon corps me supplie de m'arrêter. Je suis à bout de force. Je n'arrive même plus à changer de plateau sur le guidon. Mes doigts sont tétanisés. Je tente de m'encourager dans les grosses montées. Je marche un peu. Ça me dégourdit les jambes, ça décongestionne un peu les muscles. Ça ne fait pas disparaître la douleur, mais ça me libère de certaines tensions… Pendant que d'autres apparaissent. Mais je ne les écoute pas. Je n'écoute pas mon corps. Et je l'ai prévenu. Peu importe les crampes, les douleurs articulaires, musculaires, les blessures, les chutes… je continuerai. Puis, dans ma tête, une croyance émerge. Je crois qu'au-delà d'un certain seuil de souffrance extrême, la douleur disparaît. Je ne la sentais plus. J'ai résisté jusqu'au moment où, peu importe l'effort demandé, mon corps allait l'exécuter. Il y a à nouveau quelques montées. Pour soulager mes douleurs et, surtout, parce que je ne suis pas capable de les monter à vélo. Je vais à la même vitesse qu'un coureur. Alors, je me retrouve pieds nus sur le goudron, mes pieds gonflés ne rentrent plus dans mes chaussures, au bord de la route, avec mon vélo à ma droite. Les voitures me doublent. Je continue normalement. En espérant être assez visible. *Pourquoi tu cours ? Marcher suffisait.* C'est vrai. Mais je ne réfléchis plus. Je vais plus vite qu'en marchant. J'active d'autres muscles, ça me soulage. Moins mal au dos. Moins mal au cul. J'ai mes baskets dans mon sac. Le cardio monte, je transpire, mais une part de moi y trouve de la force et du réconfort. Alors, je cours. Toujours à la vitesse d'un escargot.

Une autre croyance se développe. Je crois qu'au-delà d'un certain seuil de souffrance extrême, la réflexion et l'interprétation disparaissent. Si ramper comme un serpent me faisait arriver une minute plus tôt, je l'aurais fait. À cet instant, je deviens le personnage principal de mon jeu vidéo. Où tout est permis. Le monde autour n'existe plus. Sauf mon univers, en constante expansion. Je suis immergé. J'en oublie de boire, de manger. Je perds la notion du temps. Les voitures me doublent, je les vois floues. J'ai la sensation d'halluciner. Pourtant, je n'ai jamais été aussi présent. L'amour de la souffrance et de l'effort. Un combat contre la montre, contre les obligations de la vie. Mon discours interne positif prend le relais. La musique m'encourage. Les sens sont activés. Le bruit des pas, des roues du vélo qui sifflent, le souffle naturel. Mes pieds amortissent le bitume, mes deux mains transpirantes agrippent le guidon. J'avance, sur la ligne blanche. La tête haute. Mon corps se balance. Ma respiration se rythme. Je ne force plus. J'accélère.

Bon, j'avance bien. Il me reste trois heures. *Allez, on accélère un peu !* Mes cales continuent de taper le sol, se coincent contre ma chaîne qui s'enraille. Je frôle la chute. Première fois de ma vie que ça m'arrive. Je ne sais même pas comment la remettre. Voilà mon niveau d'expertise.

Une voiture arrive en face. Nous ne sommes que deux sur cette route. Je me mets en plein milieu et arrête la voiture, comme un flic. Le monsieur baisse sa vitre. Je lui demande gentiment s'il peut m'aider à remettre ma chaîne. Il me regarde. Il voit ma détresse, descend, m'explique en quelques secondes, replace la chaîne correctement et me voilà reparti. Toujours avec les cales qui tapent le sol. J'ai honte.

La nuit tombe, je prie pour que les voitures me voient avec mon gilet jaune. J'ai besoin d'une pause pipi. J'ai fini, je me remets directement sur le vélo et pédale. J'ai mal fermé mon sac. Tout tombe par terre après les premiers coups de pédales. Je m'arrête, agacé, et, avec le flash de mon téléphone, je cherche les flasques, les barres, les gels et tous les autres objets dont je n'ai toujours pas compris l'utilité. Ça m'énerve. Je suis bientôt arrivé ? Encore 1 h 30. Mon Dieu, cette journée ne s'arrête jamais. Au fond de moi, une pensée surgit : *si aujourd'hui tu arrives à l'hôtel à temps, c'est sûr et certain que tu arriveras à Nice.* Les croyances aidantes s'éveillent.

J'arrive enfin à Méry-sur-Seine. Je relâche la pression, il est 22 h 30 passées. Je vais arriver à temps. Il n'y a personne dans la ville. Je roule en plein milieu, j'évite une bosse, un trou, puis j'aperçois un dos-d'âne au loin. J'appuie fort sur le frein avant. Je passe *par-dessus la troisième corde*, en faisant une pirouette. J'amortis la chute avec mes mains, mon coude droit et ma hanche droite. J'ai eu un tel temps de latence qu'entre le moment où j'ai freiné et le moment où j'atterris sur le sol, mon cerveau s'est complètement déconnecté. Scène coupée. Je me lève. Ça va, je vais bien. Le vélo aussi, juste le prolongateur qui est abîmé et qui m'a soutenu dans la chute. Je regarde autour de moi pour voir si personne ne m'a vu. Allez, encore quelques minutes et on arrive. *Honteux !*

Je me perds dans quelques rues avant d'arriver. Mais c'est bon, il m'a attendu. J'ai le droit à mon kebab. La gentillesse du personnel de cet hôtel m'a vraiment touché. Je les harcèle au téléphone, j'arrive tard, je suis rempli de boue, et, malgré ça, j'ai pu laisser mon vélo tout marron à l'intérieur. En plus, la nourriture est chaude. Il mériterait un bisou. Je prends une douche. J'envoie un message à ma sœur : « Bien arrivé. » J'appelle mes amis pour leur raconter ce périple. On rigole, ça me détend. Je lave mes affaires à la main, les laisse sécher. Je mange. Je dors. Fier de moi.

À demain.

Jour 3 : Mery-sur-Seine — Pouilly-en-Auxois (180 kilomètres)

Je me lève tôt. La machine n'a jamais été aussi rouillée. J'ai tellement de courbatures, dans des zones que je ne pense même pas possibles. Même ma pomme d'Adam me fait mal. Mon genou droit a doublé de volume. Avec du recul, j'ai adoré marcher avec ces courbatures nouvelles et intenses, car elles étaient synonymes de réussite. Mais bon… Je descends les escaliers en souffrance, ponctuant chaque marche de « Ah », « Oh ». Direction le petit-déjeuner. Un peu de sucre dans mon sang, et me voilà réconforté. J'ai mangé ce qu'il fallait pour ne pas avoir le ventre trop rempli.

De retour dans ma chambre, je passe trente minutes à sécher mes affaires au sèche-cheveux. Forcément, je les enfile encore mouillées, mais je n'ai pas le choix si je ne veux pas arriver tard et rouler de nuit. Je me prépare. Les gourdes sont pleines : eau, sucre et sel, ma potion magique. J'ai toujours mes quelques barres de chocolat fondues et plein de gels imbuvables à disposition. J'ai vérifié tout mon matériel… dont je ne connais toujours pas l'utilité. Les pneus ? En état. De toute façon, je ne vais pas essayer de les gonfler. Je coupe les cales qui m'ont gêné la veille. J'anticipe et mets de la crème solaire et du stick à lèvres, histoire de ne pas ressembler à une écrevisse.

Les vingt premières minutes de pédalage sont un calvaire. Le temps que mon corps chauffe. Heureusement, à l'aube, la circulation est rare. Je roule au milieu de la route. Elle m'appartient. Il est bon d'avoir le moral et de l'énergie… Je passe un peu de temps sur la route, puis arrive un sentier de dalles cassées à traverser sur une centaine de mètres. Un chemin vraiment cabossé. Le destin veut vérifier si je sens encore mes fesses. Ça me réveille directement, car je suis obligé de me mettre en danseuse, sinon c'est insupportable. Plus tard, je traverse le brouillard de Bourgogne. Je ne vois pas à 50 mètres devant moi. Il fait frais. Puis la brume se dissipe et laisse place aux meilleurs moments de la journée. Soleil levant. Batterie pleine, GPS allumé, meilleure musique dans les oreilles…

Les heures qui suivent sont douces et agréables. La souffrance est passée. Dans quelques ravitaillements, je compte bien la retrouver. Premier arrêt. L'effort est beau. Malgré la jauge d'énergie encore présente, chaque petite pause est une lutte pour repartir. Je découvre la région sous un nouveau jour. Le silence. Je passe à côté de beaux châteaux perchés dans les hauteurs, puis viennent les étendues infinies de plaines et de vignes. Le paysage est magnifique.

Sur la piste cyclable, c'est un manège : montées, descentes, lignes droites à n'en plus finir. De temps en temps, une route coupe mon chemin, je ralentis, puis j'accélère. Ça sent l'herbe fraîche, la rosée du matin. *Un rêve ?* Dans ce parc avec la piste sablonneuse, j'aperçois des cours d'eau, des arbres gigantesques à port pleureur. À chaque tournant, une nouvelle surprise : un étang, une mini-cascade, un barrage de castors plus loin. Je longe un canal, puis, plus tard dans la journée, je suis la Saône. Un décor fabuleux qui me touche en plein cœur. Mes yeux s'illuminent. Je n'ai jamais voyagé ainsi. Je redécouvre mon pays dans la lenteur de mes coups de pédale. Toute ma vie, je l'ai vécu à toute vitesse, sans jamais regarder en arrière. Aujourd'hui, la vie me ralentit et me montre la petitesse de mon ego. À ce moment-là, je suis convaincu d'être au bon endroit. Dans la nature, calme et paisible. Je médite, sans jugement ni regard. Je profite. Personne ne vient culpabiliser la folie de mon personnage…

Il bruine. Je mets mon k-way. *C'est bien.* Je vois des moulins abandonnés. Je passe à côté d'une écurie de chevaux. Je pense à des membres de ma famille qui apprécient la noblesse de l'animal. Je croise un vieux frère : un âne. Il me regarde tout le long de mon passage, l'air dépité. Je lui souris. *Tu n'es pas content de me voir frangin ?* Je croise tous les animaux. En plein milieu de la route, des chèvres. Des enclos avec des vaches, des veaux. Des lapins et des lièvres. Une famille de hérissons et de sangliers qui traversent la route. Des ragondins à côté des cours d'eau. Un renard dans les bois. Des chats errants dans les petits villages. Une horde de moucherons m'attaque. Je passe en plein milieu, tout le haut de mon corps est couvert de points noirs d'impact. Les abeilles, les mouches qui tapent mes lunettes. L'odeur des engrais, de la ferme ou du foin. Je vois même des oiseaux que je n'avais jamais vus, avec des couleurs rayonnantes.

À un moment, j'arrive dans un petit village de quelques habitations. À la fin de ce village, une ferme. Et là, à l'extérieur, un chien assis. Il n'y a personne autour de moi. Le duel se passe entre lui et moi. Il se lève. Il est tout noir. Il fait la taille d'une panthère, *le bâtard !* Je fais mine de ne pas avoir peur. Il m'aboie dessus en s'approchant au petit trot. Arrivé quasiment à sa hauteur, je me mets en danseuse et lâche mon meilleur sprint. *Peureux !*

J'avance bien. Du moins je m'auto-persuade d'une légère augmentation de cadence. J'ai simplement la musique plus forte. Le temps s'écoule plus vite, je déduis que les kilomètres aussi. L'escargot est en marche, comme dans *Turbo*, le film d'animation. Finie la phase de réveil en douceur dans la nature enchantée. Finis les dizaines de premiers kilomètres où je ne réalise pas que je suis sur un vélo. Où j'ai la sensation d'être dans un rêve. Vient l'heure où émergent la réflexion et l'imagination. Mon cerveau, dorénavant allumé, me rappelle que j'ai mal. Les douleurs, qui ne sont jamais réellement parties, me disent bonjour les unes après les autres. Dos, fesses, mollets, genoux, pieds, nuque, trapèzes. Elles sont de plus en plus vives. Je fais tout pour les ignorer. Ma technique : je m'imagine jouer un match de foot, faire des actions. Ou, sinon j'opte pour la stratégie de faire remonter les émotions. En termes d'énergie dépensée et de gain de temps. Je me suis concocté une playlist sur mesure. Je la connais par cœur. Je pousse la chansonnette et sais précisément sur quelles paroles la voix va trembler, le nez va me piquer. Je vis pleinement. Je me laisse submerger par les émotions. Les larmes montent : tristesse, nostalgie, rancœur, dégoût, émerveillement, regret, rage, rire. Je serre le guidon de plus en plus fort, avec mes mains transpirantes. Le temps avance sur moi.

Il est midi. Je ne déjeune pas. J'ai faim, donc je suis aigri et faible. Je ne suis toujours pas à la moitié de la route. Je suis dépité. *Pas permis d'être aussi lent !* Voici les pires moments. Le désespoir total. C'est mort. Foutu. Je ne vais jamais arriver à temps à l'hôtel. *Calme-toi, tu peux arriver à n'importe quelle heure dans cet hôtel.* Je me mets la pression, je commence à stresser et à paniquer pour aucune raison. Je veux arriver avant la tombée de la nuit. *Ah, en fait, tu as peur du noir.* Je suis sous-équipé dans le noir. Mes lampes sont faibles, elles n'éclairent rien. Et j'ai aussi la crainte de ne pas être assez visible.

Je décide de m'arrêter dans un village vers Troyes. Enfin… d'abord, je le traverse. Puis je fais demi-tour. J'ai besoin de manger et surtout de parler à quelqu'un. Il n'y a personne. Une ville fantôme, perdue en campagne. Je sonne chez les gens qui ont leur voiture garée devant la maison. Aucune réponse. Je m'enfonce dans les perpendiculaires du village. Dans un angle, une maison. Je sonne. Un jeune homme de mon âge sort. Je lui demande d'abord s'il peut remplir mes gourdes. Personne ne refuse de donner de l'eau. Une fois son oui en poche, je demande du sucre et du sel. Tout le monde en a à la maison. Voyant sa gentillesse et son amabilité, je discute avec lui. Je remarque qu'il a un jardin, je suppose qu'il peut laver mon vélo. On s'exécute. Je raconte ma vie tout en frottant mon cadre boueux. Ce jeune homme, d'une grande hospitalité, me demande si je veux boire ou manger quelque chose. Oui, *directement*. Il m'invite à rentrer chez lui. Je demande à charger mon téléphone. Pendant qu'il me prépare un sandwich, il me raconte à son tour sa vie. On passe un bon moment tous les deux. Mais je dois y aller. Et je ne suis toujours pas arrivé à la moitié de mon étape du jour. On échange nos numéros. Maintenant, lui aussi, je le tiens au courant de mon avancée.

La joie de ce bon ravitaillement s'arrête rapidement : il pleut. Et je passe de grosses montées sous la pluie. Sur cette départementale, les voitures et camions roulent à 90 kilomètres-heure. C'est la première fois de ma vie que je me retrouve dans une telle situation. Je coupe la musique, concentré et attentif au maximum. Je prends le retour d'aspiration des camions, plus la pluie sur mes lunettes : je ne vois plus rien. Je les enlève. Il y a moins de voitures sur cette parcelle à côté des bois. La montée est longue. Je commence à chanter. Je me mets en danseuse et, pour me prouver que je suis à l'aise, une idée me traverse l'esprit : *et si tu restais en danseuse jusqu'à la fin de cette montée ?* J'essaye le défi. *Plus dur encore ! Pousse la chansonnette aussi.* Me voilà en train de chanter, en pleine montée, sur plusieurs kilomètres, en danseuse, sous la pluie. Ça n'a aucun sens. Mais elle passe plus vite.

Arrivé en haut, j'ai un sentiment de fierté. J'ai réussi tous ces mini-objectifs. J'ai le sourire aux lèvres. À rien d'appeler mes parents pour leur raconter. La pente devait être à 4 % sur plusieurs kilomètres. Et j'ai tenu. Une petite victoire de l'escargot, qui remonte un peu le moral sous ce temps pluvieux.

Je continue mon chemin. Je n'écoute plus de musique pour économiser la batterie de mon téléphone. Chaque coup de pédale redevient une vraie souffrance. J'ai envie de m'arrêter tout le temps. Le faible profite. *Arrête-toi ! Tu as assez donné. Un peu d'auto-stop pour avancer ? Pause pipi ? Ralentis !* Personne ne va me prendre en stop. Je suis mouillé, j'ai un vélo marron et je sens la ferme. Je sature. Je deviens fou. Petit à petit, je commence à prendre des décisions catastrophiques, comme hier.

Je change d'itinéraire. Je perds, casse ou jette quelque chose d'essentiel à mon trajet. Je me trompe de chemin, je dois faire un demi-tour ou un détour qui rallonge mon parcours. Les journées se déroulent au même rythme. C'est horriblement chiant. Je ne le fais pas exprès. Il a arrêté de pleuvoir.

Je suis seul. Les villages sont de plus en plus espacés. Je me fais doubler par des tracteurs. Ça m'énerve. Je commence à pleurer de nerfs. À crier. À m'insulter. Rien ne change, finalement. Je n'apprécie plus du tout. Pourquoi tout cela ? Comment suis-je aussi bête ? Je pourrais être sur le terrain… Je divague. Je vois mon double, mon ego, pédaler juste à ma gauche. Je réduis la vitesse, il sourit. J'accélère, il suit. Il me nargue, je m'en moque. Il m'imite. Je m'incarne. Avec le temps, les os qui reposent sur cette selle commencent à se déformer. Mon orgueil, ce miroir, veut une pause. Il est fatigué. Dommage, je n'ai pas le temps. J'essaye de rattraper le fil de ma vie. Je continue. La distance se crée. On n'évoque pas d'échappée. L'enfant dira : « C'est lui qui s'est arrêté en premier. » Je pense au football…

Je ne veux pas être le fantôme de ma vie soi-disant passionnée, même quelques jours. Entre souffrir ou faire semblant, j'ai fait mon choix. Quitte à sortir de cette table, autant le faire avec un grand geste. Quitte à rester dans l'ombre d'un homme, autant m'amuser, et être insouciant. Ai-je retrouvé un garçon, ou bien l'ego d'un jeune homme ? S'est-il fait distancer ? L'espoir renaît et devient permission d'oser le rêve de l'irréalisable. La souffrance des faux-semblants du quotidien est difficile à encaisser. Mes encouragements internes prennent le relais, j'en ai besoin. Je crie dans ma barbe, la bouche serrée. À chaque coup de pédale, je gagne. À chaque coup de pédale, j'avance. Rester sur ce vélo est une victoire. Les heures passent vite. J'ai de belles phrases en boucle dans mon esprit. Rien à voir avec les bonnes réparties, les argumentaires ou les manipulations soufflées à cette ancienne amoureuse.

La jauge de mon énergie n'existe plus, tout comme la batterie de mon téléphone. Je m'arrête chez un homme et note sur des petits bouts de papier les noms des villages à traverser. Je me bats contre le temps avec le visage qui pend, les yeux qui tombent. En quelques heures de pensées, je suis convaincu de remporter cette bataille. Il n'y a pas de choix. Pas de plan B. Le matériel pour dormir est inexistant. Le matelas de la prochaine étape est une nécessité.

Je continue mon chemin. Il est 17 heures, il fait bon, le soleil est de retour. À la sortie d'une ville, il y a un cimetière. Je m'arrête pour pisser. Mon inconscient me lance une image : moi, gisant sur le sol, mort. *Oula… bois quelque chose, ça ira mieux.* Je pense à ma pierre tombale. On y mettra mon nom et mon prénom sur ce petit bout de pierre qui signifiera que j'ai vécu. Je m'interroge : dans ce coin perdu de France, est-ce qu'ils ont bien vécu, ces gens ? Est-ce qu'ils ont été eux-mêmes heureux ? Quand leurs proches parlent d'eux, est-ce qu'ils sont fiers de ce qu'ils ont réalisé ? Bref, j'ai fini de pisser. Je me dis juste que, si j'atteins l'enfer aujourd'hui, je continuerai de pédaler en cherchant Pouilly-en-Auxois sur sa carte.

Je galère aujourd'hui, je suis plus lent que d'habitude. La nuit commence à tomber, il me reste encore environ

1 h 30 de vélo. Je suis sur une piste cyclable qui longe la Saône. L'horizon est magnifique. Je suis en paix. Petit à petit, j'installe mes lampes avant et arrière. Je suis contraint de rouler de nuit. Jusqu'à la fin de mon périple, je ne croise que quelques personnes. Je suis tellement lent qu'on pourrait croire que je suis un piéton. Je double deux filles et les salue. Toutes les deux hurlent d'un cri strident et aigu. Je m'excuse, pensant qu'elles m'avaient senti arriver. Ça me fait un peu rire. Je continue mon chemin, mais je dois allumer le flash de mon téléphone, sinon je ne vois rien. J'ai trouvé une technique : je le pose sur le support que j'ai acheté, et il éclaire devant moi. Mes lumières ne sont pas assez puissantes, alors parfois, je me prends des branches dans la gueule ou je manque de tomber à cause des racines des arbres.

Je croise un monsieur. Il est encore loin, j'aperçois sa silhouette. Je réajuste mon téléphone pour mieux voir devant moi, et d'un seul coup, il tombe dans la pochette où je l'avais mis. Ma lumière avant décide de me lâcher, pile à ce moment-là. Concentré sur mon téléphone, j'entends soudain un « Bonsoir » d'une voix grave. J'ai des frissons dans le dos, un coup de chaleur dans le reste du corps. Je reste un moment sans rien dire. Je passe à côté du monsieur, incapable de répondre. Après ça, je me mets en danseuse et pédale plus vite. *Peureux !*

J'arrive enfin à côté de l'hôtel. Il est 22 heures, j'ai le temps avant de rentrer. J'en profite pour manger un fast-food. Des jeunes surveillent mon vélo à l'extérieur le temps de ma commande. Sympa. *Pas d'antivol ? Ni de béquille, je suppose…* Je crois qu'ils ont vu la détresse et la fatigue dans mes yeux. J'appelle ma sœur et le coach. J'envoie un message aux personnes rencontrées pendant ce périple. Repas, douche, et au lit. *Écrit mieux !* Ne me demande plus rien, je suis épuisé.

À demain.

Jour 4 : Pouilly-en-Auxois — Anse (175 kilomètres)

J'ai l'habitude. J'ai pris le vélo avec moi dans la chambre d'hôtel, il a dormi près de moi. Tout est efficace chez moi : je me douche, j'enfile ma combinaison blanche de superhéros, je prépare ma bécane, je descends. Je suis le premier au petit-déjeuner, je m'empiffre intelligemment. Pendant que je me ravitaille et que je remplis mes gourdes d'eau de sel et de sucre, je me dis qu'aujourd'hui, je vais déjeuner dans un restaurant. Pour tester. *Tu ne penses qu'à manger !*

La journée se passe sur la même chanson. Je pédale, d'abord difficilement, puis vient la zone de *flow*, les meilleurs moments : moins de douleurs, le ventre un peu rempli, motivé et frais, les meilleures musiques dans les oreilles. Il fait chaud aujourd'hui. À 11 heures, il fait déjà 30 degrés. Je commence à fatiguer, sauf que j'ai décidé qu'à midi, j'allais me faire un restaurant sur la route. J'y arrive enfin. Tout le monde me regarde. Je pose mon vélo et mon casque, j'enlève mes baskets et m'assois. Je commande vite et demande à charger mon téléphone. *Tu te crois à la maison ?*

Malheureusement j'ai fait un écart. J'ai trop mangé. *Quel débile !* J'ai le ventre lourd. Je ne sais pas ce qui m'a pris. J'ai encore plus d'une centaine de kilomètres à parcourir aujourd'hui. *N'importe quoi. C'est quoi cette gestion catastrophique ?* Je me suis gavé comme une oie. Mon téléphone est chargé, et je suis obligé d'avancer. J'entame la route en pleine digestion. Une horreur. J'ai envie de vomir, j'ai chaud, je ne me sens pas bien. Je vois des mirages. Je m'arrête sur un banc un peu plus loin. Je le touche : il est en acier, donc bouillant. Je m'en fous, je pose mon k-way et je dors, casque sur la tête, jambes sur mon sac. Le vélo, je l'ai jeté par terre. Il faut absolument que je digère. J'ai passé vingt minutes en plein soleil. Je me dis qu'il faut que je fasse attention à l'insolation. Je fais un catogan avec un lycra long que j'avais pris avec moi et je mets le casque par-dessus. Jack Sparrow avec un casque de vélo fluo jaune. C'est moi. Je remets de la crème solaire partout et je bois de l'eau.

Aujourd'hui, c'est difficile. Je ne suis pas motivé. Forcément, mes douleurs se réveillent deux fois plus fort. Mon genou droit ne dégonfle pas, il me fait de plus en plus mal. Je continue la route avec ignorance. Vers 14 heures, le soleil bat son plein, je suis en train de fondre. Mon téléphone se décharge à une vitesse ahurissante à cause de la musique. Je suis obligé de m'arrêter pour charger mon portable. En plus, j'ai une envie urgente. Je dépasse un petit village, je remarque sur le panneau que le prochain est à plusieurs kilomètres. Impossible que je continue dans cet état-là. Je fais demi-tour.

Je vois un couple sur leur terrasse, dans leur jardin. Une maison de plain-pied. Je me présente et leur demande un peu d'eau. Ils se méfient énormément. Je suis à l'extérieur de leur grillage vert, tout bâché en vert foncé. L'homme se lève et vient vers moi. Il remplit ma gourde au robinet extérieur, à l'arrosoir. J'ai vite compris que je n'allais pas avoir de sel et de sucre. Je laisse mon vélo à côté de sa voiture, je crois, et je pars faire mes besoins dehors, entre des buissons. Je reviens et lui demande s'il peut m'asperger d'eau avec son arrosoir. Il accepte. Je tente quand même de lui demander s'il peut charger mon téléphone. Je lui dis que je resterai à l'extérieur de son habitation jusqu'à ce qu'il soit chargé. Le monsieur sort une rallonge, la branche à une prise extérieure et me tend l'embout. Je reste bouche bée, toujours à l'extérieur. J'insère mon chargeur en grimaçant. Maintenant, mon téléphone pend à l'envers en plein soleil, accroché à son grillage. Sympa l'ambiance.

L'homme ne me pose aucune question. Il n'y a aucun dialogue entre nous. La seule chose qu'il sait de moi, c'est que je viens de Belgique. On s'analyse mutuellement, plongés dans une incompréhension totale. Je me ferme. Au début, mes sourcils se levaient légèrement, maintenant ils sont bas. Je reste un moment à côté de mon téléphone pour vérifier qu'il ne tombe pas. Lui, il me regarde. C'est tout. Il est à 2 mètres de moi, de l'autre côté du grillage. Il a les mains dans les poches, le regard fermé et interrogatif. De temps en temps, il jette quelques coups d'œil vers sa femme. Je décide de changer d'attitude. Je le remercie.

Le soleil tape fort. Je me mets torse nu et me pose à côté de sa voiture, sur le goudron, là où il y a une minuscule parcelle d'ombre. J'utilise mon t-shirt comme une serviette de plage. Je veux me reposer. Il continue de me regarder. Impossible de dormir. Je me lève, je règle un réveil dans vingt minutes. Pas une de plus. Je dors paisiblement à côté de ses jantes. Il reste un moment, puis rejoint sa femme. *Crève-lui les pneus !* Le réveil sonne. En cinq minutes, je suis prêt. Au revoir. *À jamais !*

L'énervement de ce moment retombe. Je pédale, les bonnes musiques défilent. Dans mes oreilles, j'ai *Are You With Me* de Lost Frequencies. J'adore cette chanson, elle me fait penser à un festival en été. J'augmente le son. Je pousse la chansonnette fort, de toute façon, je suis seul, coupé du monde. La hauteur m'offre une vue imprenable sur les plaines, les collines et les éoliennes. J'éprouve une sensation de légèreté.

Je respire l'air de la campagne, l'herbe fraîchement coupée mélangée au parfum d'un vent chaud. J'accélère la cadence. Je me sens bien. Il fait chaud, mais, pendant ce court instant, la chaleur devient douce, apaisante. Je ferme les yeux quelques secondes, prends de grandes et belles inspirations. Je suis en plein milieu de la route, mais surtout en plein dans ce moment magique que je m'accorde. J'ai la sensation de flotter, de léviter. Je n'ai plus mal nulle part. J'écarte les bras et réussis à pédaler sans les mains, assez longtemps pour savourer pleinement les frissons qui envahissent mon corps, de ma tête jusqu'aux pieds. Les poils se dressent sur ma nuque, encerclent mes joues. Je ressens l'inconnu, et il me touche du bout des doigts. Comme une caresse. Une liberté pure, présente, éternelle et méditative. Je respire profondément. C'est de l'admiration. Je contemple l'homme que je suis. J'en pleure. Je ne prétends plus. Je n'aspire pas à autre chose de plus grand ou de plus fort. Je ne regarde pas loin ni le potentiel ni la capacité. Je suis fier. Impressionné. Je suis connecté à ce que je vois. Mes yeux rendent cette situation mémorable. Je n'ai plus de filtre ni de personnage. À l'écran, j'aurais eu l'air naturel, parce que j'étais déterminé à l'être. Je n'ai jamais été aussi sincère envers moi-même. La meilleure sensation que j'ai vécue. De la reconnaissance. Du respect. De l'estime. Tout cela en intimité dans ce monde réel. Je souhaite à n'importe qui de goûter à cette essence.

Je suis passé de la machine, du robot gonflé d'ego, à un humain qui apprend à ressentir. Comme si, aujourd'hui, je découvrais la vraie force et la sagesse du lâcher-prise. Je m'abandonne totalement. Sans crainte. Sans jugement. Sans doute. Ni pour faire plaisir. Je vis un moment hors du temps, et je compte bien ressentir chaque sensation pleinement. C'est tout un symbole, pour un jeune homme, de se laisser submerger par ses émotions. Une valeur unique qui change mon interprétation de la vie. *Pourquoi as-tu caché cette sensibilité pendant autant d'années ?* Il y a eu un avant et un après petit garçon. Je voulais marquer l'exception. La raison ne pouvait plus me rattraper. La vie voulait encore de moi, et j'y trouvais un nouveau goût, dans ce changement d'état d'esprit. Car à chaque mètre parcouru, je cultive ma différence.

J'ai accueilli la liberté. Chaque cellule frissonnante se libère et s'échappe de la prison de mon esprit. J'ai tout lâché. Les cris de mon âme. La joie sans artifice, sans partenaire. Oui, j'ai les larmes aux yeux, et oui, je vais les laisser couler. Je n'essuie pas le sel du bonheur qui glisse contre mes joues et vient se loger dans le creux de mes fossettes. Je veux une preuve de ce moment. Qu'il laisse une trace dans mon cœur. J'ai goûté à pleine puissance les lèvres de l'instant. Ce sentiment, je l'embrassais. Alors que l'on me croit perdu, je découvre le frisson de la délivrance. Et le plaisir d'être, à nouveau, un enfant innocent.

J'ai continué ma journée sur un nuage, je suis tellement ailleurs que je ne vois plus défiler les kilomètres, je suis arrivé plus tôt que prévu à 20 heures, j'ai oublié de boire, de manger, ou même de m'arrêter pour charger mon téléphone. J'arrive à l'étape avec 1 % de batterie et les gourdes sont quasiment pleines. Nous sommes à quelques kilomètres de Lyon. J'en profite pour manger un bon taco, je sors du logement, l'esprit déconnecté. Le chef attend pour prendre ma commande. J'ai du mal à me décider. Je finis par choisir assis en attendant ma commande, je ne fais rien, mon regard est vide, je suis dans l'incompréhension, je suis épuisé. Vidé d'une énergie noire qui me suit depuis toutes ces années. Le chef m'appelle plusieurs fois, je mets du temps à réagir, c'est comme si, pendant ce moment, je ne suis plus moi, je suis un autre, un inconnu. Suis-je lucide dans ce rêve ?

À demain.

Jour 5 : Anse — Montélimar (180 kilomètres)

Aujourd'hui, l'étape, c'est que du plat. *Super*. En plus, c'est dimanche, je vais croiser beaucoup de monde, nous sommes sur des pistes cyclables dans la région lyonnaise. Un décor agréable qui rend chaque coup de pédale plus facile. Je me mets naturellement moins sur les prolongateurs, je roule la tête haute, qui tourne pour admirer le Rhône, je profite de la belle vue sur le fleuve. Le matin est calme, dégagé, il y a beaucoup de cyclistes autour de moi, mes douleurs se sentent moins seules. J'avance l'esprit motivé, car Lyon signifie le Sud, qui m'ouvre ses bras.

Je décide de faire une pause à midi pile dans un restaurant sur la ViaRhôna. J'apprends de mes erreurs, je mange moins. Il n'y a pas grand monde, je suis d'ailleurs parmi les premiers. Je mange léger, il fait chaud, donc en dessert, je m'autorise une glace. Je suis à l'extérieur, pieds nus, le vélo et toutes mes affaires éparpillées au sol. Oui, j'aime être organisé.

Je vois un nuage arriver. *Ah,* j'ai un peu froid. Un petit coup de vent. Je prends l'averse. *Génial.* Je mets la glace froide dans ma bouche et essaye de rapatrier toutes mes affaires dans un endroit à l'abri, à l'intérieur du resto. Je suis dans un *escape game*, qu'est-ce que je dois faire en premier ? Mettre mes chaussettes ? Mettre le vélo à l'abri ? Le casque ou le sac ? Elles sont où mes chaussures ? La glace est froide, elle fond dans ma bouche avec la bave qui commence à couler, le temps est compté. J'ai besoin d'aide. La serveuse vient m'aider. *Ouf.* Elle prend le vélo d'abord, le pose à l'intérieur, il tombe. *Fais attention, ce n'est pas toi qui l'as acheté conas** !*

Je mets vite mes affaires dans mon sac. J'ai fait un câlin à mon sac ouvert. J'ai : un sac, un casque, mes chaussettes. Je cours pieds nus vers l'intérieur. Elles sont où, tes chaussures ? Je les vois… À l'abri sous ma chaise depuis le début. *Tu perdrais ta tête en cas de panique.* L'averse passe aussi vite qu'elle est arrivée. Je suis trempé.

Le soleil ressurgit, il fait bon, je continue ma route. Le plat m'endort, je suis petit à petit en train de devenir fou. J'ai mal au cerveau. Tenir le même rythme le long de ces pistes cyclables est un enfer. Les douleurs sont intenses dans tout mon corps. Quand je me lève pour me mettre en danseuse, ça va un peu mieux. J'ai une idée, une intuition : faire comme un fractionné. Intensité, puis je calme. En danseuse, puis en sommeil. Je sens mes muscles brûler, un peu de paradis. Je pédale rapidement en danseuse, puis je ralentis pour profiter de la vue. Oui, l'ennui est présent. Je m'exécute. En faisant cet exercice que je m'impose, j'ai une prise de conscience. *Tu crois être devenu intelligent ?* Je me demande pourquoi autant de sacrifices, autant d'efforts pour les autres. Pourquoi, toute ma vie, avoir fait passer les besoins des autres avant les miens ? *En plus, pour un résultat aussi minable que le tien.* Pourquoi j'ai pris soin de ma santé physique, mais jamais mentale ? Cette même santé mentale doit passer avant celle du physique. Donc, logiquement, avant toute chose et toute personne. *La vraie question est : pourquoi tu n'as pas fait de fractionné avant ? Tu te serais moins ennuyé.* Je comprends… bref, le fractionné me réveille et fait monter mon cœur. Les cuisses commencent à chauffer. Bon signe. Je continue cette chanson pendant plusieurs kilomètres. Je fais ça pendant 30 minutes. Je commence à fatiguer. Mauvais signe. Je n'ai plus de barres de céréales ni de gel. J'ai seulement de l'eau avec du sucre et du sel. Vu que j'ai moins mangé, je commence à être en hypoglycémie. Le soleil tape encore plus. J'ai encore 90 kilomètres à parcourir, je suis à la moitié de l'étape, mais je n'ai plus de jus. Plus de panache. Plus aucun répondant musculaire. *Même dans la vie en général, aucun répondant.* Je suis lessivé. Le fractionné a épuisé toutes mes dernières cartouches. Quelle idée j'ai encore eue !

J'ai la tête baissée, je ne pédale plus droit. Pourtant, je suis sur du plat. Je force comme si j'étais en montée. Les autres vélos commencent à me dépasser. Ça m'énerve. Des personnes âgées à vélo électrique me doublent au ralenti. J'en peux plus, ça y est. J'essaye de les rattraper :

« Madame… madame, bonjour est-ce que vous savez où se trouve le prochain restaurant ? »

Elle me répond oui, à quelques kilomètres d'ici. Je lui demande, parce que je suis poli :

« Est-ce que je peux prendre votre roue ?

— Oui. »

Yes ! À ce moment-là, je suis content, mais c'est la première fois de ma vie que je suis quelqu'un à vélo d'aussi près… et surtout, quelqu'un qui va plus vite que moi. Je suis exténué. Je n'arrive pas à garder l'allure. Je peux garantir que prendre la roue d'un couple de personnes âgées en vélo électrique, je n'ai jamais connu d'épreuve plus démoralisante. Mais bon… J'ai besoin de compagnie. Cette dame a le triple de mon âge et ne transpire même pas. Dans un effort si peu intense, elle se permet d'entretenir une conversation avec moi. À sens unique. Éduqué, je donne ma vie pour essayer de la suivre et rester proche de sa roue. *C'est là que tu te rends compte que ton allure est catastrophique et surtout que tu ne sais pas la gérer. C'est pour ça que tu as la sensation de devenir fou. Sur un terrain de foot, tu accélères, puis tu ralentis, tu marches… ce n'est pas pareil à vélo, gamin.*

Je galère. Je lui crie de ralentir, essoufflé. J'ai envie de lui dire… mais je ferme ma bouche et prie pour que le prochain snack ne soit pas loin. Madame, si vous saviez le nombre de kilomètres effectués, mes jambes feraient rougir votre moteur. Je vois trouble. Madame, vous et votre mari allez longer le Rhône, jusqu'à trouver un coin sympathique où l'admirer avec, sûrement, le casse-croûte déjà préparé. Votre vie ne sera pas impactée par la nonchalance de vos coups de pédale. Tandis que moi, si je ne trouve pas dans les prochains kilomètres un endroit où me nourrir, je risque d'admirer seulement la profondeur du Rhône ou son bitume sableux. Mais c'est *monsieur* qui mène la danse. Le rythme choisi est patriarcal. Donc je suis, difficilement, pour avoir un soutien. Monsieur, si vous saviez la boule au ventre du départ, la chute, la solitude, les douleurs, le vent de face et les efforts fournis durant des jours… Vous vous seriez nourri de bien plus qu'un simple sandwich pendant votre pause déjeuner. Pourtant, je conçois qu'à partir d'un certain âge, il est difficile de tourner sa tête vers l'arrière. *Manque de mobilité.* Moi aussi, monsieur, toute ma jeune vie, la seule chose que je voulais regarder, c'est l'avenir. Vous avez sûrement raison. Peu importe le résultat d'une vie, le ballet final sera le même. Donc, sans force de l'âge, je viendrai à votre cadence, vous retrouverai dans l'au-delà. *Tu divagues. Ça y est.* La lucidité me manque, manger et voir la mer aussi… Je pourrais décider de m'arrêter cinq minutes, de reprendre ensuite. Mais à ce moment-là, j'ai la sensation d'être cloué à ce vélo. Je n'ai pas d'autre choix que d'avancer. Sinon, je ferais une pause avec la culpabilité, et je redémarrerai avec toute la souffrance et la procrastination du monde. Donc, je me force. J'ai la tête qui va tomber sur le guidon. Je ne pose plus mes coudes remplis de sueur sur les prolongateurs, je m'affale et dors dessus. J'ai l'impression de prendre des virages alors que la route est toute droite. Je me mets une telle pression que je suis obligé de rester sur ce vélo. Même si mon cul me supplie d'arrêter de pédaler, j'avance. Au rythme d'un escargot, centimètre par centimètre. Je me bats pour réussir mon prochain défi : arriver au prochain ravitaillement sans m'arrêter.

J'y arrive avec toute la peine du monde. Je suis assis sur l'immense terrasse de ce restaurant. Il y a du monde, des arbres, et entre les feuillages, je vois le Rhône. Un décor sublime. Je pose mon vélo contre un arbre, je fais deux pas et il tombe. Je le repose convenablement contre l'arbre, pars m'installer, je m'assois. Il tombe à nouveau. Je regarde autour de moi. Les gens rigolent. Je souris jaune et le laisse par terre. Un vrai gosse ce vélo. Il a besoin d'attention. *Comme toi.*

Juste avant de commander, je me lève avec mon chargeur en main et vais voir un barman. Je lui demande s'il peut charger mon téléphone. Je vois deux multiprises avec un paquet de possibilités pour brancher mon téléphone. Il me répond non, ce n'est pas possible.

Pourtant, il y a plein de possibilités… Il bredouille une excuse. Je le coupe et lui demande de regarder s'ils sont chargés. Dès le premier téléphone, je constate qu'il est à 100 %. Contraint d'accepter, je lui tends mon téléphone. *Pas accueillant, il n'aura pas de pourboire.* Je retourne à ma place. Je commande. Beaucoup de sucre. Je n'en ai rien à faire. Je dévore une gaufre, puis une glace. Je me régale. Je paie au comptoir et retrouve mon barman préféré. Cette fois, je viens avec mes gourdes. Je lui demande de l'eau du robinet. « Tu en demandes beaucoup, toi ! » Je m'arrête un instant. Je voulais partir, mais je lui ai dit : « Et ce n'est pas fini. Tu vas mettre du sucre et du sel dedans. » Il souffle. J'ai eu ce que je voulais. Où j'en suis dans mon parcours ? J'ai environ 800 kilomètres dans les jambes en moins de cinq jours, et je dois argumenter avec un barman pour du sel et du sucre dans de l'eau. J'ai failli l'insulter. *Mais comme tu n'as toujours pas de charisme, tu as pris ton vélo et tu as continué d'avancer gentiment.* J'ai agi comme un escargot l'aurait fait. Je me suis replié dans ma coquille. Peu importe que je sois fatigué, assoiffé, déshydraté. Je suis juste un homme de passage. Après tout, pourquoi me donner plus ? Pourquoi offrir et servir avec politesse quand on peut remballer ses clients facilement ? En utilisant l'énervement, j'ai pu avancer plus vite. Je suis arrivé vers 19 h 30 à l'hôtel. J'ai mangé un festin.

À demain.

Jour 6 : Montélimar — Pertuis (150 kilomètres)

Aujourd'hui, c'est la journée la plus calme. Avec mes départs matinaux habituels, arriver à 16 heures est un luxe. J'ai envie d'aller vite ce matin. Je me retrouve sur une départementale, puis sur la nationale. La cadence augmente. Sur mon vélo, j'ai pris des risques inconscients. Se faire doubler par des camions sur la nationale, sentir l'aspiration, le vent, tanguer. Mes mains moites serrent le guidon avec force, tandis que le reste de mon corps est relâché. Je tiens à ma vie. Alors, concentration maximale. Le mot « fatigue » n'existe plus. Mon système nerveux sympathique s'active. Je suis en mode survie, calme et maître de moi-même. Mon cœur bat avec raison. Pas vite. Un sang-froid absolu. Je me prends pour un serpent. Vraiment. Je me dis : « Rampe comme un serpent sur ce bitume. Relâche, sois souple, détends les épaules et pédale. » Ma vitesse de croisière augmente naturellement, sans effort. Mon mouvement devient plus fluide. J'ai moins mal partout. Je suis dans le flow. Entre croire que je suis un serpent et rouler à côté de véhicules à 110 kilomètres-heure, je ne sais pas ce qui est le plus légal. Une chute aurait pu me coûter la vie. Forcément, j'y pense. Je prie pour que les automobilistes soient attentifs, qu'ils aient de bons réflexes. Et surtout, qu'ils me voient avec mon gilet jaune. C'est le jeu : je ne peux pas maîtriser leur conduite. Mais rouler droit, oui. Me décaler à droite, oui. Mon heure n'est pas encore arrivée.

Dans un environnement aussi stressant, je m'adapte. J'assume mes responsabilités. Et si, ce jour-là, un fou avait croisé ma route, je l'aurais accepté. Enfin… là-haut, sûrement. Je me suis senti vivant, animé d'une énergie fière et positive. Ma posture disait que tout allait bien se passer. J'avance, porté par un flot d'échanges, entre mon dialogue intérieur et les interactions avec les passants. Sans hésitation. Aussi fluide dans mes relations qu'en moi-même. *Ça glisse tout seul.* La pratique forge l'expérience. Avant, dès que je sentais un peu de confiance à l'extérieur, je me jugeais hypocrite, faux. À l'intérieur, c'était le vide. Aujourd'hui, j'aligne ces mots sur un écran allumé. Pas dans un rêve où l'écran est éteint. J'ai ressenti de la confiance en moi parce que j'ai dû en faire preuve. Un peu comme le courage. Comme lors d'une récitation devant toute la classe, en avançant vers le tableau. À chaque pas, je me disais : « Pas moyen de se défiler, il n'y a plus qu'à ! Apprise ou non, la seule règle, c'est d'essayer de s'en sortir. »

J'arrive dans une boulangerie à midi, je commande, et j'entends un accent qui me fait immédiatement sourire. La boulangère ne sait pas à quel point le ton de sa voix marque la réussite de ma virée à vélo. C'est un *checkpoint*. Je savoure mon repas avec le sourire, sans me presser. De toute façon, l'étape du jour est facile. Repas terminé, je mets de la crème solaire et veille à bien m'hydrater. Le soleil est au zénith, la chaleur écrasante.

Quand je suis entre les villes, au cœur de la campagne, l'oxygène devient essentiel. Je pense à boire. Sous mon casque, j'ai glissé mon catogan pour éviter l'insolation. Peu à peu, je traverse de plus en plus de villes. Les espaces entre les villages se réduisent. Parfois, ces panneaux me motivent et, parfois, ils me désespèrent.

J'ai mes écouteurs. Un van me dépasse, rempli de jeunes, sûrement un club de sport. Je le devine au logo et au nombre de passagers. Puis une vague d'eau me frappe le dos, accompagnée d'insultes. Un deuxième van suit, avec quelques jeunes qui se penchent par la fenêtre. Sans aucune raison particulière. J'insulte en retour, j'essaye d'accélérer, mais c'est peine perdue. Au début, ça m'énerve. *Après, à leur âge, tu aurais bien rigolé aussi.*

Bref, je continue. Mon rythme ralentit progressivement. Ça doit bien faire 1 h 30 que je roule après la pause déjeuner. Le soleil me rattrape. 35 degrés. Je dégouline. Mes gourdes sont brûlantes. J'en ai marre de boire du sel, c'est écœurant. Ma tête s'abaisse naturellement, mon souffle s'emballe. Étrangement, je ressens moins mes douleurs, parce que je commence à moins ressentir mon corps. Mes mains tremblent, je peine à changer les vitesses du plateau. Musculairement, je tétanise. Mon bronzage de cycliste s'intensifie, mais là, c'est le coup de soleil qui m'inquiète. Ça devait être l'étape la plus facile du périple. À ce moment-là, c'est un calvaire. Un des moments les plus durs. Je n'arrive à rien. Impossible de garder un rythme. J'avance péniblement. Énervé, mais énervé contre moi-même. Rien dans les jambes, rien dans la tête. Aucune lucidité. Il me faut de l'ombre et du sucre dans les prochaines minutes. Sinon, je ne tiendrai pas sur ce vélo. Mon équilibre me lâche.

Je vois une station essence au loin, comme un mirage, une île paradisiaque. C'est une toute petite station, avec seulement deux pompes. Je pose mon vélo à terre et entre. Je salue le personnel. Même sans cerveau, je reste poli. *Tu n'as pas enlevé ton casque !* Je me rue vers une glace et une boisson énergisante. Je paie. Je ressors, cherche un peu d'ombre. C'est étouffant. Adossé à la petite marche devant l'entrée, je bloque totalement le passage, autant pour les clients que pour les voitures qui veulent faire le plein. Peu importe. Je suis au sol et ça me fait du bien. Je mets plusieurs minutes à ouvrir ma glace. Mes mains tétanisent, elles n'ont plus de force. Il faudrait de la délicatesse et de la puissance pour y arriver. Je n'ai ni l'un ni l'autre. Elles sont si congestionnées qu'elles gardent encore la forme du guidon. Impossible de les ouvrir complètement. Et quand je les ferme, la douleur revient. Mon cerveau réclame du sucre. Toutes mes dernières ressources nerveuses sont mobilisées dans un seul objectif : ouvrir cette glace. Je galère tellement qu'on pourrait croire que je n'ai plus l'usage de mes mains. Comme un enfant essayant d'encastrer un carré dans un rond. C'est frustrant. Par miracle, j'y arrive. Je la mange, allongé. Elle est trop lourde pour une seule main, je peine à la tenir. Je la fais tomber sur moi. Je me tache. Alors, je saisis le bâtonnet à deux mains, comme une prière, et je mange enfin ma glace, avec reconnaissance. *Un clochard peut ressentir de la gratitude vis-à-vis de sa situation, s'il te voit à ce moment-là.*

Je reprends mon périple. L'énergie revient, j'en profite pour accélérer. *Tu fais vraiment n'importe quoi.* Sur la départementale et la nationale, je file. Les kilomètres défilent à bonne allure, je suis fier. J'ai une idée. Pourquoi ne pas rallier Nice d'une traite, sans escale à Pertuis ? Je m'arrête un instant, allège mon chargement : k-way, bricoles inutiles, direction la poubelle. J'appelle ma sœur. Je lui explique. Je lui demande combien de kilomètres il me reste. Un peu moins de 300 kilomètres avant Nice. J'y crois.

Mon manager, qui s'occupe de mon Tour de France, me dit de dormir à Pertuis. Heureusement que, pour une fois, j'écoute. Comme j'ai mal géré mes efforts, j'arrive vers 16 heures à l'étape. Et je me dis que, si j'avais mieux prévu mon parcours, j'aurais pu arriver encore plus vite. Mais bon, je suis arrivé tôt. De quoi récupérer pour la dernière étape cruciale de mon parcours. Je suis excité.

À demain.

Dernier jour : Pertuis — Nice (200 kilomètres)

Qu'est-ce que tu es prêt à donner pour arriver aujourd'hui ? Ma vie. Qu'est-ce que tu es prêt à perdre pour franchir la ligne d'arrivée ? Un amour de jeunesse. L'angle n'est pas le bon. Je reformule. Est-ce que tu aurais accepté les regrets de n'être jamais parti ? Jamais. En cas d'échec, qu'est-ce qui se serait passé ? On m'a inculqué l'idée de me battre. Je le fais. Pas assez. Je suis prêt à encaisser la lourde peine de ma culpabilité, celle d'être un vaurien. Que mes regrets, doucement, sortent du silence. J'ai mal chaque fois que mes mots restent enfermés. Et pourtant, quand ils sortent, je les juge. C'est un crève-cœur que de recevoir un compliment de mon discours interne. À mon enterrement, la médiocrité sera assise au premier rang et se lèvera pour faire un discours. Bref.

Je me lève tôt. Je n'ai pas bien dormi à cause de l'excitation. Je me prépare en vitesse. Sur le vélo, l'air est frais, agréable. Mais très vite, le vent de face frappe. Au lieu d'aller à mon rythme moyen, entre 18 et 20 kilomètres-heure, je me retrouve à 12 kilomètres-heure en forçant comme si j'étais en montée. J'ai la sensation d'avoir un pneu crevé. Je vérifie. Non, ils sont juste dégonflés. Je suis tellement euphorique que l'idée de les gonfler ne me vient même pas.

Cette matinée, je galère. Pourtant, l'énergie est là. Il y a peu de monde sur la route, mais j'aperçois une cycliste qui va encore plus doucement que moi. Nous sommes sur un petit chemin, j'ai bien envie de rouler quelques kilomètres avec elle. Elle transporte une maison avec elle. Elle est suréquipée. Son vélo a de la classe. J'arrive à sa hauteur, je lui parle en français, rapidement. Elle ne comprend pas. Je passe à l'anglais. En tournant la tête, je remarque un énorme pansement sur son visage. Il recouvre presque un œil. Ses mains aussi sont marquées, brûlées. *Une grande brûlée ?* Elle se présente. Elle vient de Nouvelle-Zélande. Elle a pris six mois de congé pour réaliser ce *road trip*. On est à 70 kilomètres au nord de Draguignan. Elle me dit qu'elle va jusqu'en Grèce. Je suis choqué. *Quel courage. Et toi, tu pleures parce que tu vas jusqu'à Nice… Tapette.* Évidemment, ça me donne un coup de *boost* et de motivation. L'ego. Cette femme à la cinquantaine. Elle plante la tente pour dormir et s'arrête dans des endroits prévus à l'avance. *Pas comme toi.*

Je lui demande son chemin, je jette un œil à son GPS. J'ai les yeux qui brillent. Son équipement est de dernière génération. Elle a toutes les données qu'il lui faut. C'est limite si elle n'a pas la vitesse du vent affichée. Moi, sur mon GPS, j'ai l'itinéraire et une estimation de ma vitesse. Oui, j'ai aussi l'heure et la date du jour affichées. Ça me rappelle constamment à quel point je n'avance pas. Elle part pour 12 000 kilomètres avec une technologie de pointe. *Tandis que toi, tu pars avec un chronomètre.* Elle passe par Nice, mais mon escargot est plus rapide que le sien. Elle y sera dans une semaine, moi, je veux arriver aujourd'hui. À mon escargot de se présenter. Je lui dis que je viens de Belgique et que je vais jusqu'à Nice. Elle me regarde, surprise du fait que je n'ai que peu d'affaires pour un si long trajet. Je sais, *mais tout bien réfléchi. Pas besoin de beaucoup quand tu connais un domaine comme ta poche.* Je profite de ce moment pour lui demander un coup de main pour gonfler mon pneu. C'est la première fois du trajet que j'y pense. Elle a une pompe de compétition. On gonfle mes pneus. Je la remercie vivement et lui souhaite un bon voyage.

Je continue mon périple. Les pneus gonflés, c'est un peu mieux, mais le vent me ralentit vraiment. Aux alentours de midi, je m'arrête dans un beau village du sud, à Flayosc. Je suis passé à côté du domaine de prestige de Berne, les fameux rosés et vins blancs. N'étant pas un amateur d'alcool, je n'ai pas recensé tous les domaines viticoles que j'ai croisés.

Le soleil bat son plein. Ma barre d'énergie se vide. Je descends l'allée principale de la ville… en sens inverse. Les policiers m'arrêtent et me disent que je roule du mauvais côté. Demi-tour, je prends un autre chemin. *Pas de chance*. J'arrive sur la place et m'installe à la terrasse d'un restaurant. Je n'ai pas mangé, j'ai juste commandé un café. Le patron me demande ce que je fais ici, d'où je viens. On discute. Je remarque qu'il y a une carte de la région sous les assiettes. Je lui demande alors le chemin le plus plat et le plus rapide pour arriver à Nice. Il rigole d'abord, puis s'arrête en voyant que je suis totalement sérieux. Je suis encore à plus d'une centaine de kilomètres de l'arrivée. Il me dit que le mieux, c'est de longer le bord de mer en descendant vers Fréjus et d'éviter l'arrière-pays. J'obéis.

Pour une raison qui m'échappe, je coupe mon GPS et suis les panneaux. Draguignan, puis Fréjus. Ça, c'est mon plan. Sauf qu'en réalité… je fais n'importe quoi. Je fais demi-tour trois ou quatre fois. Je change de direction sans réfléchir. Je me crois capable d'arriver à destination sans itinéraire. Après trente minutes à suivre les panneaux, je deviens fou. J'allume un autre GPS, une autre application. *Mon Dieu quelle catastrophe*! Je mélange mon instinct, les panneaux et l'application. Résultat ? Je me retrouve à côté de l'autoroute A7. Souvent, il y a des petits chemins à côté des autoroutes. Me voilà sur l'un d'eux. Dans la forêt, avec un peu d'ombre. Le chant des cigales. Plus d'oxygène pour respirer. J'ai chaud. Ça monte fort. Puis ça descend. Je fais les montagnes russes. Plus de connexion, plus de réseau. Et comme d'habitude… Je commence à crier, à m'insulter de tous les noms. Tout seul. Pas de musique dans les oreilles. J'ai mal à chaque membre de mon corps. Et là, mon cerveau lâche. Je ne sais sincèrement pas où je vais. Ça fait des kilomètres que je n'ai pas vu un panneau. *Qu'est-ce qui te prend ?* Je me complique sans cesse la vie. Le fameux moment de désespoir complet. J'ai qu'une seule envie : arriver à Fréjus, voir la mer et rentrer chez moi. Je suis perdu. À cause de mes actions débiles.

L'espoir renaît quand je retrouve la route et les panneaux. Il y a du réseau, je remets le bon itinéraire. J'arrive à Fréjus. Je fonds en larmes. Avec les lunettes, je ne vois plus devant moi. Je suis passé juste à côté de l'endroit où j'habitais il y a quelques années. J'arrive, et j'ai le meilleur cadeau du monde : je vois la mer. Je continue de pleurer. Je m'arrête à la Base Nature de Fréjus. Assis dans un snack, j'appelle un ami et lui demande de m'indiquer le temps qu'il me reste à vélo. Trois à quatre heures. Je suis heureux. Je mange une glace au soleil.

Je repars gonflé à bloc. Mon escargot a mis six heures pour arriver à Nice. Vu que j'ai décidé d'arrêter le GPS, la musique et le téléphone, j'ai bêtement longé le bord de mer en pensant que c'était le plus facile et le plus rapide. *Belle erreur.* Je me suis rajouté des kilomètres pour rien, mais au moins, je voyais la mer. Je pédale avec un sourire aux lèvres. J'espère qu'aucun ancien coéquipier ne va me croiser en voiture. Je n'ai plus mal nulle part. J'arrive vers les rochers rouges. C'est à couper le souffle. Comme si je les découvrais pour la première fois. J'ai un sentiment de puissance et d'éternité indescriptible. Sauf que les montées se font de plus en plus raides. Je suis obligé de descendre du vélo et de marcher. Les voitures me frôlent. Mais je m'en fous, je suis dans le monde de mes rêves.

J'en profite pour m'arrêter et regarder le paysage. Les vagues frappent les parois des roches. *Et si tu te jetais dans cette mousse.* Je vois des motards en Harley-Davidson assis face à la mer, au bord de la route. En tant que deux-roues, on se comprend. Je vais leur parler. Ils me racontent leur chemin. Ils vont jusqu'à Menton en longeant le bord de mer. Ils me disent que c'est fatigant, pour eux. Je leur raconte mon périple. Ils rigolent et me souhaitent bon courage, car, dans quelques kilomètres ça grimpe encore plus fort. Ils ont vu juste. J'ai marché tout le long des montées. *Tu t'en fous, tu es à la maison ce soir. Mais elles sont où, tes lunettes ?* Je les ai laissées à côté des motards. Oui, mais ça m'a permis de voir la beauté de la mer bleue et du ciel azur. Quand je tourne la tête, je vois l'éternité du bleu. C'est fini, le noir. C'est le décor qui embellit l'arrivée. Le personnage est au second plan.

Je me rapproche. Je fais un dernier arrêt à Cannes. Je suis à un petit stand de boissons et de nourriture, tenu par deux femmes de mon âge. Je leur raconte mon aventure. J'ai le sourire aux lèvres, elles aussi. On rigole, la discussion bat son plein, et je leur promets que, ce soir, je vais leur envoyer une photo de moi arrivé à la maison. Après ma pause, un sentiment grandit en moi. Une surprise émotionnelle. Toute la route entre Cannes et Nice, je suis envahi par la nostalgie. C'est sans doute l'un des plus beaux moments de ma vie. J'ai les larmes aux yeux en repensant à ce que je viens de vivre, heureux des épreuves traversées. Je sais que j'ai réussi, que j'y suis arrivé, mais une part de moi ne veut pas quitter ce moment. Je ne suis plus dans l'éternité du présent, mais dans la beauté du passé proche. Ému par ce que je viens de vivre. Je pédale en me remémorant ce parcours fou. Je m'autorise à être fier de moi. Je vais bientôt arriver à la maison, mais une part de moi veut rester sur ce vélo. Je respire et je profite des derniers instants, parce qu'aujourd'hui ne ressemble à aucun autre jour. Ça ne ressemble ni à une fête entre amis ni à un match de football. Aujourd'hui, je suis mémorable, unique, différent. Pendant 23 ans, je n'ai pas eu le plaisir de ressentir pleinement la nostalgie. Alors, je suis curieux de connaître cette nouvelle sensation.

Je suis toujours sur le vélo, les larmes aux yeux pendant des kilomètres. Je regarde la mer avec candeur. Je n'ai plus l'œil de la connerie. J'ai l'œil des bons souvenirs que je me laisse aller. Il me reste encore quelques heures de route. Je refais défiler les moments clés du périple, dans le scénario de mon esprit. Les larmes coulent naturellement et doucement, comme mon escargot. C'est une parenthèse enchantée. Je suis émerveillé par le paysage et par mon exploit. Comme quand je protégeais la balle et que je me disais : c'est mon ballon. *Eh bien, là*, c'est mon moment. Personne ne pourra me le voler ni le minimiser. Ce n'est pas qu'une étape aujourd'hui, c'est un soulagement, une bénédiction et la preuve que je ne suis pas comme les autres. C'est une solitude acceptée et positive. Je vais réussir. Ce soir, je serai à Nice. Allongé sur un canapé que je connais enfin.

À l'arrivée

À mon arrivée, j'imaginais un accueil chaleureux, une fanfare, des bravos, des pancartes avec écrit « Bien joué Lolo ». *Ah non, non.* Je redescends très vite de mon vélo. Ma mère me fait un câlin, m'ouvre la porte de l'allée. On se dirige vers le garage. Elle commente mon odeur corporelle et là, s'enchaîne une conversation lunaire, comme si tout cela était banal. Comme s'il était normal de me voir arriver ici à vélo. Je reste silencieux. Ma mère me dit : « Tu devais arriver plus tôt. Tu étais à Fréjus à 14 heures. » *Je n'ai pas eu envie d'arrêter ce moment. Deux heures de plus ou de moins, peu importe…* Je lui réponds que j'ai suivi le bord de mer, ce qui a allongé mon trajet. Elle affirme qu'elle savait que je réussirais. *Comment pouvait-elle ?*

« Dès le début, je savais que tu y arriverais, je l'ai dit à papa. *C'est impossible à prédire.*

— Ah oui ? Il a dit quoi ? »

Dans l'absurdité du moment, je pense à mon père, qui est toujours le dernier au courant de chaque situation. Est-ce qu'il sait que je suis parti ? Le connaissant, il va quand même me demander comment s'est passé mon premier match de championnat…

Revenons à la réalité. Je n'ai pas grand-chose à dire. Je prends une photo avec mon vélo, je le laisse dans le garage. La séparation est déchirante. J'envoie la photo à toutes les personnes que j'ai croisées durant mon périple. Je l'envoie aussi à mon coach. On marche avec ma mère. On arrive à la maison. Elle ouvre la porte. Je vais directement prendre une douche. Le bonheur.

L'heure du constat est arrivée. J'ai le genou droit qui a doublé de volume, j'ai perdu cinq kilos et j'ai le bronzage typique du cycliste. Je n'arrive pas à utiliser mes mains correctement. Je suis irritée au niveau des trapèzes et des fesses. Je ne marche plus correctement… J'ai prévenu mes amis de mon arrivée. Ils arrivent. On rigole comme d'habitude.

Mon ami s'interroge : « Si tu fais ça pour elle, c'est qu'il y a un problème ? » *Il ne sait pas que tu te bats contre une torture mentale, contre un bruit incessant dans tes oreilles.*

On est à table. Je mange, je bois. Je suis toujours mitigé par l'accueil. Je ne m'attendais pas à ça. *Un compliment te tuerait, mère ?* Ma mère commence à me mitrailler de questions : « Tu t'es calmé ? Ça t'a fait réfléchir ? » *Tu ne pourrais jamais apercevoir la profondeur de mes coups de pédales. C'est bien dommage.*

Elle continue : « Je sentais que tu n'allais pas bien quand ta sœur m'a envoyé une photo de toi avant ton départ. Tes yeux étaient devenus noirs. » *En vrai, c'est pire. Mais personne ne prête attention à la profondeur de mes beaux yeux, sauf toi, maman.* Sa voix commence à trembler : « Qu'est-ce que tu vas faire maintenant ? » *Peut-être, te reposer sur un canapé confortable.*

Je sens un fond d'agressivité monter en moi. J'essaye de rester calme, mais chaque mot que je pourrais sortir serait un tacle glissé. Alors, je me canalise. Ma mère s'interroge et me demande si je vais arrêter le foot. Je lui explique que je remonte demain à Bruxelles en avion. Que j'ai prévu de m'expliquer devant l'équipe, le groupe et le club. Et que s'ils acceptent ma présence dans ce vestiaire, alors je continuerai cette aventure avec eux[20].

Elle s'inquiète. Elle craint un renvoi. Ses sentiments, ou plutôt ses ressentiments ne me touchent pas. Je suis glacial. Mes amis me disent que c'est normal, qu'elle s'est beaucoup inquiétée. Je le conçois… *enfin non*… Je ne le conçois pas. Elle s'inquiète pour un autre homme, celui du passé. Elle se fait du souci pour cet enfant, celui qu'elle ne pouvait pas défendre face à la dureté de son père. Elle insiste encore : « Tu es vraiment un fou. Juste pour une femme qui ne ferait même pas ça pour toi. Tu es prêt à risquer un contrat… » *Si tu avais vu la profondeur de ma souffrance, tu aurais compris que c'était vital. L'amour n'était que la face visible de l'iceberg, la belle histoire ou la tournure d'anecdote à raconter.* Je me bats contre bien plus. Lorsque la surface est trop plate pour mon âme, je vais en profondeur dans les abysses, pour prendre conscience de toute l'ignorance dont j'ai fait preuve pendant des années. Il y a beaucoup de choses à travailler.

Je finis par lancer : « Je viens d'arriver et je prends des reproches, des jugements. » *Ça ne changera jamais.* Je sens dans ses larmes de la peine, de la pitié envers son fils. Je suis abasourdi. C'est limite si elle ne va pas se baisser vers moi, faire des *non* avec sa tête, poser ses mains sur son menton avec un air interrogatif et balancer : « Qu'est-ce que va devenir, mon fils ? Qu'est-ce qu'on va faire de lui ? » Cette question, c'est ma vie. *Qu'est-ce que*

---

[20] Ils ont accepté ma présence, compris le message et ma détresse. Mais surtout, ils n'ont pas jugé la folie de mon personnage. Dorénavant, j'ai une place particulière dans le cœur du noyau de ce club. Celle du cycliste. Merci, Messieurs. « Simplicité égale génie », le coach.

va devenir, mon fils ? C'est le résumé de mon existence. Une vie de lâche, de fuyant, de bon à rien. Un jeune homme qui se croit courageux, qui pense faire des sacrifices, mais même le vent n'a pas remarqué mes efforts.

Ma mère doit sûrement se dire : « Mais qu'est-ce qui fera pour la prochaine fille ? Qu'est-ce qu'il va lui dire et faire pour elle ? » Maman, je vis avec ce vide qu'elle a laissé, j'apprends et j'écoute sa sagesse. Je ne comble pas ses cases. J'essaye de comprendre son silence. Une absence redoutée. Je ne connais que la présence redoutée de papa. Toute ma vie j'ai tenu mes émotions à distance. Les mots m'ont fait mal, mais c'est le silence entre chaque critique, jugement ou reproche qui me ronge de l'intérieur. Comme si je dévoilais un peu plus le non-respect que je m'accorde. Aujourd'hui adulte, je suis dénudé de paroles, mais je revêts le courage d'un gosse. *Est-ce qu'un jour l'enfant sera-t-il libre de s'habiller comme il le souhaite ?* J'épouse les formes de ma silhouette non pas avec du coton ou de la soie, mais avec des chaînes froides. Oui, c'est dommage, j'aurais aimé déguiser mon âme différemment. Mais elle s'est habituée à la fraîcheur du métal contre sa peau. Et non pas la douceur du coton avec l'odeur de ce bon parfum vanillé.

Continue. Je ressens – et ce n'est que mon interprétation du moment – un soupçon de jalousie. C'est cruel, et cela peut paraître dur. Mais je veux la vérité, pas un masque. Ma mère, comme aucun de mes proches, n'est capable d'accomplir un tel exploit. À part moi, personne au monde ne l'aurait fait pour *elle*. Pas même mon père. *Va plus loin.* Mon départ par amour est inconscient, pour une personne qui n'a pas fait un quart de ce que ma mère a fait pour moi. J'essaye de me mettre à sa place, celle de ma mère. Son fils risque tout – tous ses efforts pendant des années – pour une femme dont la ferveur de l'amour n'est pas réciproque. Qu'ai-je fait pour ma mère, elle qui s'est sacrifiée pour élever un fou comme moi ? Qu'est-ce qu'elle y gagne ? Comment est-ce que je la remercie ? Elle n'a fait que pleurer la folie de son fils pendant des jours. Et moi, je ne lui donne même pas un *je t'aime* à mon arrivée. Pas un regard empli d'amour ou de compassion. En face d'elle, il y a un jeune homme hautain, agressif, fier, qui pense tout savoir... *Intéressant petit branleur.* Sa dévotion pour la famille devient le voile qui la sépare de la réalité. Le sacrifice, c'est elle qui me l'a enseigné.

Son fils accomplit un exploit même dans ses rêves, elle n'aurait jamais osé l'imaginer. C'est valable pour tout mon entourage : mes amis, ma famille lointaine, ma copine de l'époque. *Bien sûr que* réussir l'impossible fait vibrer l'ego des proches. Même si c'est inconscient, il y a toujours une part de vérité dans une intuition, un regard, un ressenti. L'angle développé peut paraître péjoratif. Mais, si je vous disais que cela traduit aussi de l'admiration, un amour profond parfois caché, on pourrait facilement le discerner. Avec l'amour maternel viennent l'inquiétude, la surprotection et le besoin de contrôler de son enfant. Les deux côtés sont vrais, à des degrés différents, en fonction du zoom que l'on choisit sur la situation.

Ma mère voit un jeune homme qui va tout perdre. Elle ne voit ni la bravoure, ni la sueur, ni l'affrontement de tous mes démons. Elle ne connaît ni la saveur ni la détresse de mon discours interne. Elle ne perçoit pas le jugement qui me brûle, la culpabilité qui me ronge, et la souffrance qui me galvanise. Ce qu'elle voit, c'est un clochard sur un vélo, qui pue.

Le silence est présent. J'entends ses reniflements. Je sais qu'elle ne pourra pas, à cet instant, reconnaître la victoire la plus décisive de ma vie. Et toute cette dualité en moi fait qu'en ce mardi soir, j'ai la sensation d'être une réussite. *Je te tire mon chapeau, petit escargot, tu as tout gagné.* Alors que ma mère voit uniquement la part d'échec dans ce périple. Ce soir je vais essayer de m'endormir rapidement avec un sourire. Parfois elle pense que son fils est heureux et est en train de réussir sa vie, et c'est à ce moment-là que je pars à l'entraînement comme un robot. Un véritable échec cuisant, selon moi.

Elle se sent perdre son fils, elle a peur et me l'a dit. J'ai toujours tiré le pansement de mon cœur petit à petit… lorsque je l'ai arraché d'un coup. J'avais mon cœur et mon destin entre les mains. Et moi aussi, j'ai eu peur. J'ai beau les aimer mes proches, mais si l'un d'eux me raconte cette réalisation. Je le féliciterai avec les pensées suivantes : *tu n'es pas capable de le faire. Il est fou. Comment est-ce possible ? Tu peux faire mieux !* Je chercherais la critique. *Oui, mais tu as fait beaucoup de pauses. Oui, mais tu fais du sport tous les jours…* Mes couill** et mon courage ont décidé que ce soit moi sur le vélo, et pas un autre.

L'après-Tour de France

Le lendemain je suis remonté en Belgique en avion et ma sœur, qui est restée chez mes grands-parents en Normandie, est venue me chercher à l'aéroport de Bruxelles (les rôles s'inversent). Elle m'a acheté des chocolats en me disant qu'il fallait que je reprenne des forces. Et surtout, elle m'a pris dans ses bras et m'a félicité. *Tout ce dont tu avais besoin.* Dans un chassé-croisé digne d'un film, le jour où elle vient me chercher, elle a aussi son vol retour pour Nice à prendre dans l'après-midi. Le destin m'a montré que j'étais au bon endroit au bon moment.

J'arrive seul chez moi, j'ouvre la porte en faux bois. Je lâche tout… je pleure. Je m'affale sur le canapé, et je pense. Au fil des mois, des années et des décennies, eux, ils oublieront. Moi jamais. J'ai trouvé en moi une force. J'ai ressenti mon amour propre. L'œil de la fierté. J'ai la reconnaissance d'avoir pris ce temps avec mes valeurs et un vélo. La liberté pure. Celle que mes rêves ne sont pas assez grands pour imaginer. Je ne pouvais pas concevoir ou accepter que j'ai le droit d'y goûter. Toute cette dualité, cette rage, cette haine, cette frustration peut créer un moment de grâce pareil ?

J'ai *osé*. Ce verbe n'a pas quitté mon sac et mon esprit de tout le périple. Le courage est au-delà d'une valeur, c'est la racine de mes sentiments. Telle la différence entre qui je suis et ce que je suis capable d'accomplir si je me lance dans l'aventure. J'ai acquis l'espoir dans le dépassement de soi. Il n'y a plus d'instructions à suivre. C'est ma persévérance qui me guide.

Il faut faire preuve de discipline et de maturité en tant qu'adulte. La raison m'aurait poussé sur un terrain sans âme ? Mais qu'en est-il de mon cœur ? J'aurais mis mes crampons ce fameux jour de match sans aimer l'homme qui les porte. *L'inconfort crée la discipline.* C'est vrai, mais n'est-ce toujours pas assez. J'oscillerai toute ma vie entre la limite de chercher un prétexte pour mettre fin à mon personnage et la souffrance. Oui, je cherche à titiller le point de non-retour. La goutte de trop qui fera déborder le vase. *Ton ego tient plus à son personnage, que tu ne tiens à ta vie. Alors, quitte ce corps usé, ce cerveau malade et robotique, après tout, qu'est-ce qui te retient ?* Une revanche.

Je pince mon poignet. Est-ce que c'est réel ? Ou est-ce que j'ai encore fui dans ce rêve ? Pourquoi l'exile à vélo ? Je ne veux pas faire des cauchemars de ce point de non-retour. Je connais par cœur le « plutôt mourir », il me tue par le cœur. *Il est effrayant de s'affronter.* Je me lève et vais dans mon bureau. Qu'est-ce que j'en ai retiré de cette expérience ? J'ai besoin de preuve de mon changement. Car rester le même est insupportable. Je fouille dans ma commode. Des feuilles blanches pour écrire. Et là je tombe sur ce que j'avais écrit un jour avant mon départ.

« J'ai des putains de choses à faire.

J'ai des putains de choses à prouver. Par amour.

Par folie.

Être libre, sortir des cases, sortir de cette boîte.

Devenir moi-même.

Accepter la solitude, la transformer en force.

Le faire par preuve d'amour.

Et s'il faut finir en rampant, je le ferai.

Et si je dois le faire pour exister, je le ferai.

Je vais le faire pour que l'on me respecte, pour que ma présence soit une aura.

Une aura positive et charismatique.

Libre, liberté.

Faire ce que j'ai envie, au détriment de leurs avis. Je veux me sentir vivre.

Il faut que je le fasse pour sortir de ma vie, pour sortir de ce quotidien, pour sortir de cette spirale négative.

Il faut que je sorte de cette zone de confort.

Il faut que je brise ces barrières limitantes. »

L'UNIQUE MAISON
DANS LES BOIS

Mad World — Gary Jules et Michael Andrews

Pays de l'imaginaire, lieu perdu dans une forêt (2025)

Je suis seul dans une ancienne maison abandonnée. Elle se situe en contrebas d'une forêt. Le lieu est entouré d'arbres, avec la nuit noire et la pleine lune, on dirait que cette maison se cache en dessous de la colline. Je suis à l'intérieur, enveloppé dans une couverture – celle avec le tigre – de mon enfance. Tel un enfant qui joue au fantôme. La cap me sert de protection, comme un bouclier contre l'inconnu. Je suis au milieu du salon tourné vers la porte d'entrée. Les poings serrés, je donne des coups dans le vide, prêt à me défendre. La peur me ronge, mais je reste vigilant. Je suis essoufflé. Je le sais… Il y a des esprits dans la forêt, ou peut-être des intrus qui viendront me cambrioler cette nuit. Ils me veulent du mal, c'est sûr. Je le sens…

Je suis terrorisé, mais je tiens bon. Les frissons me réveillent. Donner sa vie pour se battre contre l'indéfendable ? Pourquoi rester debout face à cette peur, cette insécurité ?

FAIS-LE, C'EST LIBÉRATEUR

READY TO DIE — Rilès

> France, Villefranche-sur-Mer (2010)

J'ouvre la porte blanche de ma chambre, dépité. Nous sommes sûrement après une de mes nombreuses performances footballistiques d'anthologie. Un sentiment de honte s'empare de moi. Puis, rapidement, ma mâchoire se serre. Je pleure de rage, de colère. Je tape ma tête contre le mur, je plonge sur mon lit, la tête dans les coussins. Pourquoi suis-je aussi mauvais ? Je pleure, je bave, le coussin est trempé. Je me lève à genoux sur mon lit et je frappe cet oreiller de toutes mes forces. Ma mâchoire ne se desserre jamais.

Les week-ends passent et se ressemblent. Les pensées émergent, puis elles s'entretiennent. Un jour, je ne passe pas par l'étape des pleurs dans le coussin. Je suis calme. J'entends le grincement de mes dents. Cela fait plusieurs jours que je n'angoisse plus. Tout extérioriser était ma solution. La bonne, selon moi. *Tu avais raison.* Mais là, en ce jour, le silence m'attrape. Le jugement s'est assis à côté de moi. Je reste stoïque en regardant le miroir. Il est là. Sa présence est acceptée par mon silence. Aujourd'hui je ne vais pas faire de crises. Et c'est bien cela, le problème. Les démons profitent de l'enfant sage assis sur le lit.

Les émotions ne sortent plus, comme un adulte masculin et viril. Je reste silencieux. Je ne pleure plus. Mon regard est distant face au miroir. *Pourquoi ?* Le cheminement des pensées se fait naturellement. Abandonner le foot ? Y mettre un terme, à cette carrière en plein essor ? J'y ai pensé d'innombrables fois. Sauf que mon petit garçon a un problème de taille à régler. Il confond le joueur de foot et l'enfant. Il a un conflit identitaire. Oui, à cet âge, abandonner le foot se transforme en donner sa vie. *Pourquoi ?*

Aujourd'hui, à 24 ans, cette voix me demande : *pourquoi ?* La même voix qui me faisait y penser. C'est hypocrite. Comme une guêpe qui ne part pas après ses coups de fouet dans le vent. J'entends son bruit. *Vas-y passe à l'action, qu'est-ce que tu attends ? Un peu de courage gamin…* La même voix qui croyait que chaque enfant devait passer par là. À cet âge-là, à 9 ans, penser à mettre fin à sa vie est flou, pourtant si réel. Je me persuade que les autres enfants de mon âge y pensent aussi. De toute façon, selon moi, je n'avais pas le droit de songer à clouer le spectacle, à arrêter mon film. *Fais-le, c'est libérateur.* Je suis un enfant riche, qui a un père célèbre. J'ai de la chance. Pendant toutes ces années, je me suis convaincu que je n'y avais jamais pensé. Que ce n'était pas vrai. Pas possible. Ma capacité d'auto-persuasion est si forte qu'elle me ferait arriver à vélo depuis la Belgique jusqu'à Nice. Alors, me persuader que je n'ai jamais eu ces pensées. C'est facile. Accessible. Par ailleurs, je ne l'ai jamais dit, je ne les ai jamais matérialisées en paroles. C'est resté en moi toutes ces années. J'apprends à vivre avec. *Donc, peut-être que ce n'est pas vrai ? Que cela n'a jamais existé ?*

Lorenzo, ils diront que c'est faux, que c'est du marketing, que c'est une tendance de dire qu'un jour on aurait préféré arrêter de vivre. C'est pour une belle fin dans ton livre de névrosé.

Ils ne te croiront pas. Toi, heureux comme tu l'es, ce n'est pas possible… Tu as tout pour réussir des parents présents, ensembles, riches, célèbres, forts, grands et beaux…

Continue.

Ils te jugeront et l'utiliseront contre toi comme une faiblesse. Plus tard, tu verras. Fais-moi confiance. Se montrer vulnérable ne fait pas de toi un homme sage. L'écrire non plus. L'introspection, la psychanalyse, la méditation de situation ne donnent pas accès à l'acceptation d'avoir pensé au suicide enfant. Ce n'est pas aussi simple… Tu ne mérites pas de continuer de vivre dans leurs souvenirs. Tu souhaites attirer la pitié pour obtenir de la miséricorde.

Tu es prêt à mourir pour un échec : toi. Alors qu'est-ce que tu ferais pour de la réussite, de la gloire et du succès ? En ayant ces pensées, peut-être que tu voulais une bande d'annonces de l'éternité ?

J'ai honte de ressentir cette détresse, alors je ne m'autorise pas son accès émotionnel.

Ils diront de toi que tu es perturbé. Oui. *Ils verront des reproches déguisés à ta famille.* Dois-je me justifier ? *Ils profiteront de ce gouffre entre ton désarroi et ta famille, pour l'utiliser dans leurs discussions. Quand tu passeras à côté d'eux, ils chuchoteront que c'est lui le mec qui voulait se suicider…* Je ferai mine de ne pas les entendre. *Parce que tu as peur.*

La force d'un enfant c'est de pouvoir détruire ses rêves, tout en construisant ses plus beaux souvenirs. Rire et pleurer, à quelques secondes d'intervalles c'est possible pour un gamin. Ainsi, je crois que la mort est libératrice.

Puis j'ai un regain d'énergie. D'espoir. Je transpirais, je respirais fort, j'avais vraiment la sensation d'échapper à la mort. Les frissons, la chaleur dans le thorax. Je suis soulagé de sortir de l'eau après cette apnée. Je cherche inconsciemment mon instinct de survie dans les profondeurs. *Comment vas-tu t'en sortir aujourd'hui ?*

Je ne fais pas partie des gens qui tentent, je n'ai pas osé franchir ce cap. Je ne fais pas partie des gens qui se scarifient les bras. Ma souffrance est dans mon silence, puis dans mes mots 15 ans plus tard. Mon introspection en déduit que, si j'avais eu plus de bravoure enfant, je serai partie avec tout le cœur que je me connais. Sans *l'ombre* d'un doute. C'est l'isolement de ma parole qui amplifie la détresse et le sentiment d'être incapable de. Pourquoi partager ma peine lorsqu'elle est trop grande ?

Je souhaite le bonheur à mes proches d'abord, *et pour toi, on verra…* Je leur donnerai tout ce qu'ils désirent, quitte à m'écraser. Entendre leurs rires, voir leurs sourires, pourquoi cela résonne plus que le mien dans ce cinéma. Je leur offrirai volontiers un cadeau, celui de ma vie à l'écran. Car mon importance et mon rôle sont secondaires. Je voulais leur léguer ma mort, qui aurait fait office de réussite selon moi. Mais *Tata*, comment dégager de la force quand je suis intimement persuadé que je ne suis qu'un faible ? Ainsi, je réalise le film en anticipant son échec à sa sortie.

Enfant, avec ces pensées noires, je faisais défiler ma vie. Au bord de cet entonnoir, je ne voyais qu'un petit garçon sans aucune valeur. *Un minable.* Je détestais les images, les scènes que je diffusais dans mon esprit. Pas l'ombre d'un sourire ou d'un moment joyeux. Il n'y avait que de la souffrance et du mal être.

C'est arrivé tôt dans ma vie. Au début, je trouvais cela tragique, triste, mais c'est une chance. À cet âge- là, c'est vague. Je ne savais même pas comment m'y prendre. *C'est quoi une veine ?* J'étais trop lâche pour y mettre réellement fin. Je n'avais pas les codes de ce drame, j'avais le fond cette fois-ci, mais pas la forme. Avec l'âge j'ai vu certaines solutions apparaître, mais je les ai ignorées par peur. *Peut-être que* Tata *sera encore énervé contre toi en enfer ? Il te parlera de ton dernier match…*

Tata, me demande d'avoir confiance en moi. Je n'en ai pas encore la définition, le dictionnaire est ailleurs, dans une autre chambre. Il veut que j'agisse comme un homme. Je ne connais pas la puberté. Je tente de comprendre ces paroles et ces gestes. J'essaye de tout mon cœur, mais je n'y arrive pas. Il m'ordonne de ne plus réaliser les mêmes erreurs dans mon « métier ». Alors c'est moi qui te demande : pourquoi continuer *Tata* ? Si je n'ai pas de valeur, si à cet âge-là ma vie est ainsi faite, pourquoi même essayer ? Pourquoi tenter l'expérience d'une vie remplie de noirceur ? Pourquoi croire en un futur meilleur alors que chaque semaine se profile de la même manière ? M'a-t-on laissé le choix d'être un enfant innocent ? Pourquoi ne pas faire comme les grands lorsque c'est trop dur ? Lâcher et abandonner. Pourquoi, moi, enfant, je dois faire preuve de répondant alors que des adultes, devant moi, sous mes yeux, se permettent de râler, de me dénigrer, de me rabaisser *parce que leurs vies ont été plus difficiles, ils ont connu la rue, la faim, la guerre…* Je dois expier leurs souffrances en faisant semblant que tout va toujours bien. *Je libère qui d'abord vous ou moi ?* Je dois faire preuve de respect envers mes anciens et aussi envers moi-même, je dois avoir des valeurs, une éducation qui me fera grandir et m'épanouir… mais je n'ai pas encore ces outils. Si la vie est aussi négative, aussi critique, donne-moi une raison de vouloir la continuer. Je t'en supplie, donne-moi une bonne raison d'avancer. De croire en une issue différente, une porte de sortie. De croire qu'un jour, je vais arrêter d'y penser. Je t'écoute *Tata… Non,* finalement, je t'écoute petit garçon. Dis-le-moi. Donne-moi ce foutu pourquoi.

Parce qu'il y a un entraînement de foot demain. Et peut-être que ça changera un jour. Laisse-moi au moins ce dernier match, s'il te plaît… Encore un… rêve une dernière fois, et essaye de retrouver un peu d'espoir pour ouvrir cette porte…

Soudain ma mère ouvre la porte de ma chambre : « Ninou c'est l'heure. Réveille-toi ! »

J'essuie mes larmes. Je me lève du bon pied, avec un grand cœur. *Toujours.*

À toi petit garçon,

© Gérard Pierlovisi

SOMMAIRE

PLAYLIST 5
LE CINEMA DE MON ESPRIT 7
JE FAIS PARTIE DES MEUBLES 11
TOUT EN DOUCEUR 14
LE MONDE DES GÉANTS 17
JE ET NOUS 19
POURQUOI ÉCRIRE ? 37
UN DÉBRIEF PAS COMME LES AUTRES 44
LE FOOTBALL EST UN JEU ? 46
À TOI L'AMI 55
L'ART DE MÉDITER 59
ENCORDÉ 64
UN CADEAU POUR MES 18 ANS 66
PETIT MARIN SAUTEUR 74
S'IMMISCER DANS MON RÉVEIL 78
« MAMAN, TU PEUX RESTER AVEC MOI, S'IL TE PLAIT ? » 79
JE SUIS DANS L'EMBARRAS 82
UN BESOIN DE VALIDATION VIRILE… 85
L'ARTISAN PEINTRE 94
SE DÉGUISER INCONSCIEMMENT 98
À UNE VEINE D'ARRÊTER 100

FUIS-MOI, JE TE SUIS. SUIS-MOI, JE TE FUIS. 109

LA SOIRÉE ROMANTIQUE D'UN GENDRE IDÉAL 111

L'EPOPÉE 120

L'UNIQUE MAISON DANS LES BOIS 185

FAIS-LE, C'EST LIBÉRATEUR 186

COORDONNÉES 198

LAISSEZ-MOI UN AVIS

Il vous suffit de laisser un commentaire 5 étoiles sur la plateforme de votre choix (Amazon, Fnac, Cultura…), ou de me faire part de votre retour directement sur Instagram.

Chaque commentaire compte énormément.

Merci du fond du cœur pour votre soutien !

@LORENZOPRSO

COORDONNÉES

Instagram : @lorenzoprso

TikTok : @lorenz0p6